RIRE POUR NE PAS MOURIR

JEAN-MARIE BIGARD

Né à Troyes en 1954, Jean-Marie Bigard est humoriste, acteur et réalisateur. Après avoir exercé successivement les emplois de pompiste, mécanicien, entraîneur, barman, il tente sa chance à Paris comme comédien : « Le petit théâtre » de Philippe Bouvard lui ouvre ses portes, mais c'est en 1987, avec « La classe » sur FR3, qu'il connaît pour la première fois le succès. Dès lors, tous ses *stand-up* seront autant de réussites. Du Point-Virgule au Stade de France, en passant par l'Olympia et Bercy, il est devenu le comique préféré des français.
Rire pour ne pas mourir, son livre de souvenirs, a paru en 2007 chez Oh ! éditions.

Retrouvez toute l'actualité de l'auteur sur
www.bigard.com

JEAN-MARIE BIGARD

RIRE POUR NE PAS MOURIR

En collaboration avec Lionel Duroy

OH ÉDITIONS

ISBN : 978-2-266-18116-7

J'ai 53 ans. Voilà donc trente ans que je cours pour échapper au chagrin. Trente ans que je fais le clown. Il m'arrive de me retourner, sans cesser de courir, et d'être épouvanté par la profondeur du gouffre. Tu vois, comme si la terre se dérobait sous mes pas.

« Jean-Marie, il sait que s'il s'arrête de courir, il va tomber. Et que s'il tombe, il ne se relèvera plus. » C'est un ami qui a dit cela un jour, et c'est exactement ce que je ressens. Je suis fort comme un chêne, j'ai les épaules et le coffre d'un gladiateur, je peux tenir tout seul le Stade de France, ce qu'aucun homme n'avait fait avant moi – cinquante-deux mille personnes d'un côté, toute la ville de Chartres, tu imagines ? et moi de l'autre côté, tout seul – et cependant, si je tombais, c'est vrai, je ne me relèverais pas. Un chêne, si tu le couches, c'est fini, il est mort. Tu auras beau le redresser, lui remettre de la terre et de l'eau, il ne reprendra plus racine.

Je ne veux pas mourir. C'est pourquoi je commence ce livre sans cesser de courir. Hier soir, je jouais au Havre, ce soir, quatre mille quatre cents personnes m'attendent au Zénith de Caen, demain je serai au Mans, après-demain à Rouen, et comme cela jusqu'à la fin de l'année 2007. À ce moment-là, près d'un demi-million de gens auront vu mon dernier spectacle, *Mon psy va mieux*.

Personne ne me force à écrire un livre. J'ai réussi, d'après les très sérieux sondages de l'IFOP, je suis, paraît-il, le comique préféré des Français. Aujourd'hui, j'ai tout ce dont je pouvais rêver au temps où je n'avais rien. D'une certaine façon, je suis un homme comblé. Il est midi, je viens de me réveiller dans cet hôtel de Caen où je joue ce soir, et je dis tout haut cette phrase : « D'une certaine façon, je suis un homme comblé. » Mais à l'instant où je la prononce je sais déjà que c'est une grosse connerie. Un homme comblé n'aurait pas peur de se retourner sur sa vie, un homme comblé prendrait le temps de vivre.

Est-ce que les livres font des miracles ? J'attends un miracle de celui-ci. Pour la première fois, je vais essayer de dire tout haut qui je suis, d'où je viens, sans me noyer. Comment ça, qui je suis ? J'entends déjà s'exclamer ceux qui m'ont condamné depuis longtemps sans être jamais venus à aucun de mes spectacles : « Bigard, c'est bien le mec qui fait rire en disant bite, poils, couilles ? Bon, alors, laisse tomber, y'a rien à voir ! » Et cependant, des milliers de personnes sont là chaque soir, qui m'accompagnent, qui me découvrent, qui me rappellent, qui m'ovationnent debout, comme si elles avaient deviné tout ce que je cache derrière les mots, et combien le rire me sauve du désespoir.

Qui je suis, d'où je viens ... Il me semble que si j'arrive à le dire, à l'écrire enfin, je ne serai plus le même homme. Je n'aurai plus peur, en me retournant, de croiser mon ombre fracassée. J'aurai recollé les morceaux tant bien que mal, comblé le gouffre, apprivoisé le chagrin. Ça sera comme une seconde naissance, ce livre. Alors, peut-être est-ce que je pourrai m'arrêter, reprendre haleine, et me laisser éblouir par la beauté du monde.

Chapitre 1

Je suis né le 17 mai 1954 à Troyes, en Champagne, quatrième enfant de parents qui avaient déjà bien du mal à nourrir les trois premiers. Autant dire que je n'étais pas le bienvenu. Est-ce qu'un bébé a l'intuition de ce genre de choses ? En tout cas, moi, je n'ai pas cherché les problèmes. J'ai su plus tard que les autres s'étaient fait prier, qu'il avait même fallu recourir aux forceps pour l'aîné de la famille, Jean-Pierre. Pour moi, non. À l'allure où je suis sorti, j'étais parti pour taper dans le mur. Je crois que si j'avais su parler, j'aurais crié aussitôt : « Gardez-moi, ne me jetez pas, regardez comme je suis mignon, pas fripé pour un rond, et déjà si drôle avec mes trois tifs dressés sur le caillou. »

Si je pouvais décrire ma naissance comme je me la figure aujourd'hui, je dirais que je suis venu au monde en costume de scène. Et que je ne l'ai plus quitté depuis ce jour. Comme si l'amour qu'on allait me donner dépendait de ma capacité à jouer, à faire rire.

Et mes parents m'ont donné leur amour. Tout l'amour du monde, ils me l'ont donné. Je n'étais pas voulu, j'étais un *accident*, mais ils m'ont aimé comme les autres. D'ailleurs, non, c'est faux, je devrais plutôt écrire qu'ils m'ont aimé *autant* que les autres, mais *différemment*. Parce que j'ai su les faire rire ? Peut-être un peu, oui. Mais surtout parce que j'étais le petit dernier. Le sens du devoir, du respect des règles, de l'effort, mes parents les avaient transmis à Jean-Pierre, puis à Anne-Marie, puis à Martine. Pour moi, ils étaient sans doute un peu fatigués de rabâcher toujours les mêmes vieux trucs – *tiens-toi bien, remercie la dame, ne mens pas, travaille et tu réussiras* –, de sorte qu'ils m'ont laissé pousser sans trop me contrarier. Si tu regardes bien, dans les familles, c'est rarement l'aîné qui devient artiste. Celui-là, à force de lui taper sur la tête, il ne s'écarte plus du droit chemin. L'artiste, c'est le dernier, celui qu'on a un peu confié au bon Dieu parce qu'on n'avait plus trop la force...

Si je me fie à mes premiers souvenirs, il me semble que je flotte dans le bonheur jusqu'au jour où maman me conduit à l'école. Je n'ai aucune idée de ce qui m'attend. Soudain, elle me lâche la main et, sans me laisser le temps de dire ouf, une grande bonne femme en blouse blanche, de quatre mètres de haut, me fond dessus. J'éclate en sanglots. « Ne vous en faites pas, dit la dame à ma mère, dans une demi-heure il va se mettre à jouer avec les autres et tout ira très bien. » Là-dessus, elle claque la porte, ferme un verrou qui est au moins à douze mètres de haut, et je réalise soudain que je suis enfermé. Cette première journée en maternelle, jamais je ne l'ai oubliée. Non seulement je ne suis pas allé jouer, mais pas une minute je n'ai cessé de pleurer. En rentrant à la maison, je suis bouffi, malade, fiévreux, je n'ai plus une larme dans le corps, à tel point que le médecin conseille à maman de ne pas insister. On décide de différer d'une année ma découverte de l'école. Pour te dire mon dégoût des contraintes, de l'enfermement... Mon amour aussi pour ma mère.

Par la suite, chaque rentrée scolaire me plongera dans la même angoisse, et je devrais écrire chaque rentrée tout court, car aujourd'hui encore, si j'interromps mon spectacle pour quelques semaines, ou quelques mois, je suis pris de panique quand je vois approcher la date de la reprise.

Oui, on décide de différer d'une année ma découverte de l'école, et c'est sous tranquillisants qu'à l'automne suivant j'entre en cours préparatoire. J'ai sauté la maternelle, je ne suis pas aguerri, trop malheureux, trop rétif au travail, et je redouble mon CP ! Je suis un sous-doué de la première heure.

Et pourtant c'est faux, puisqu'en CM2 un jeune professeur fait subitement de moi le premier de la classe. L'année d'avant, en CM1, M. Galopin a commencé à me réconcilier doucement avec l'école. M. Galopin est un homme bienveillant, qui a connu les deux guerres et qui sait éveiller notre curiosité par des récits sans fin. Que l'un d'entre nous prononce le mot *obus*, et c'est parti pour une heure, on peut ranger les cahiers, croiser les bras, c'est encore mieux qu'un film d'aventures. En CM2 apparaît M. Jouvency. J'ai 11 ans cette année-là, lui peut-être 21 ou 22. Au contraire de M. Galopin qui avait tout connu et partait à la retraite, M. Jouvency sort tout juste de l'École normale. Il est l'homme qui va me révéler à moi-même, et toute ma vie je lui en serai reconnaissant.

Nous devons rédiger un résumé, d'une période de l'histoire de France peut-être. Est-ce que je m'applique particulièrement ? Je n'en ai pas le souvenir. En tout cas, je rends mon devoir dans les temps, comme tout le monde.

Le lendemain, M. Jouvency revient avec les copies.

– Dans l'ensemble c'est pas mal, dit-il.

Il a l'air content, il feuillette le tas de devoirs, et soudain je l'entends dire :

– Ah tiens ! J'aimerais bien que Jean-Marie vienne ici au tableau nous lire son résumé. C'est le plus réussi de la classe. Tu veux bien faire ça, Jean-Marie ?

Si je veux bien lire tout haut mon résumé ? Debout sur l'estrade ? C'est la première fois qu'on me fait un compliment, et j'en reste un moment comme statufié. Si ça n'était pas M. Jouvency, je pourrais même croire que le maître se moque de moi.

– Tu m'as entendu, Jean-Marie ?

– Oui m'sieur, excusez-moi.

Et je me lève, et je monte sur l'estrade, et je lis tout haut mon devoir.

– Bravo, c'est très bien, tu peux être fier de toi.

Je suis un enfant différent quand je retourne à ma place. Comme si une porte venait de s'ouvrir sur un monde que je m'étais imaginé inaccessible, celui de l'excellence, de la reconnaissance des adultes, celui où se promène Jean-Pierre, mon grand frèrc.

Je me classais plutôt en fin de peloton – du jour au lendemain je ramasse toutes les médailles, jusqu'à décrocher la première place. Il a suffi que M. Jouvency voie en moi un petit talent pour que tous les autres talents éclosent aussitôt.

Du coup, je passe en 6e avec le tableau d'honneur, et on me colle en latin sans me demander mon avis. En ce temps-là, les « Latins », c'est tout juste si on ne les montre pas du doigt dans la cour. J'essaie de me remémorer cette rentrée, tiens, et ce que ça me fait d'être regardé comme un bon élève désormais, une tête d'œuf ? Au début, rien du tout, je crois que je n'en ai pas vraiment conscience. Il me semble que le malaise surgit au fil des mois, comme si je me sentais petit à petit trop à l'étroit dans ce costume neuf.

À la fin du premier trimestre, comme je reviens premier de la classe – merci monsieur Jouvency –, papa accroît d'ailleurs mon malaise sans le vouloir. Pour la première fois, il me donne une pièce de cinq francs. « Attention, me dit-il, c'est pour t'encourager ! Surtout, ne t'arrête pas ! » J'avais fait mon maximum. Pour mon père je n'avais fait que mon devoir. Mon maximum était le minimum que je devais faire. Avec le recul, il me semble que s'il m'avait simplement pris dans ses bras en me disant : « Mais c'est génial ce bulletin ! Qu'est-ce que je suis fier de toi ! » eh bien, que ces mots-là auraient suffi à me donner envie de continuer. Mais cette pièce, comme on donne un sucre à un âne, non. Je crois que cette pièce m'a soudain rendu terriblement triste.

J'avais compris pour le restant de ma vie que je n'étais pas plus con que les autres, que je pouvais même être premier de la classe si j'en avais envie, et, au fond, ça me suffisait. Oui, voilà, et ce printemps-là j'ai d'autres préoccupations. Je fête mes 12 ans, et on dirait soudain qu'il se met à souffler dans les rues de Troyes un petit vent exotique qui me fait tourner la tête. Je suis moins pressé de rentrer à la maison, il m'arrive de rebrousser chemin, simplement parce que je viens de croiser le regard d'une fille, ou de m'arrêter pile sur le trottoir parce que le rire d'une autre me coupe les jambes. Mais d'où sortent-elles ? Elles ont surgi avec les premières feuilles des arbres, sur le boulevard, et d'un seul coup elles donnent à la vie quelque chose d'enivrant, de précieux et de mystérieux, qui te creuse le ventre, qui te vide le cœur.

C'est cette année-là que je tombe amoureux de la grande sœur d'un copain. Tous les matins elle me dépasse, sur la route de l'école, à bord de la Renault 8 que conduit sa mère. Moi je suis à vélo, j'attends ce moment depuis la veille. Au début, elle me fait un signe de la main et un sourire. Puis nous nous écrivons. Je reçois d'elle des petits mots parfumés, des mèches de cheveux. Je crois que tout ce qu'on peut tenter pour séduire un garçon, elle le tente. Seulement, moi, je chie dans mon froc à l'idée de l'approcher et, après quelques mois, elle se lasse, ne me dit même plus bonjour.

Ce printemps-là, en lisant *Le Grand Meaulnes*, je découvre enfin exprimés ces sentiments confus et brûlants qui m'épuisent, me bouleversent, et pour lesquels je n'avais pas les mots.

« Cependant, les deux femmes passaient près de lui et Meaulnes, immobile, regarda la jeune fille. Souvent, plus tard, lorsqu'il s'endormait après avoir désespérément essayé de se rappeler le beau visage effacé, il voyait en rêve passer des rangées de jeunes femmes qui ressemblaient à celle-ci. L'une avait un chapeau comme elle et l'autre son air un peu penché ; l'autre son regard si pur ; l'autre encore sa taille fine, et l'autre avait aussi ses yeux bleus : mais aucune de ces femmes n'était jamais la grande jeune fille [1]... »

1. Alain Fournier, *Le Grand Meaulnes*, Éditions Émile-Paul Frères, 1913.

Moi aussi, je cherche la grande jeune fille, et je crois la trouver plusieurs fois par jour. Si ce n'est plus celle de la Renault 8, c'est une autre, croisée le soir à la boulangerie. De quoi est donc fait ce désir qui nous porte de l'une à l'autre avec la même fièvre ? Il me semble que tout en partageant l'amour et l'émotion de Meaulnes pour Mlle de Galais, jamais je n'aurais sa constance. Elles sont toutes si jolies, comment se décider pour l'une quand on voudrait toutes les approcher, les respirer, les embrasser ?

Vers la fin de la 5e, cela devient d'ailleurs notre seul sujet de conversation : les filles. Qui a embrassé ? Qui n'a pas encore embrassé ? D'un côté fanfaronne une poignée de tueurs, de l'autre s'interrogent des types qui doutent encore d'eux-mêmes. Si je fais partie des seconds, c'est que j'ai une bonne raison de douter de moi, et j'irais même jusqu'à dire de l'existence de Dieu. Écoute bien, est-ce que tu peux croire possible une chose pareille : voir soudain les filles tomber du ciel, et observer simultanément ta gueule qui se couvre de boutons ? Qu'est-ce que tu lui as fait, au bon Dieu, pour mériter ça ? T'as 13 ans, t'as rendez-vous à 16 h 30 avec la petite de la boulangerie, et dans la nuit t'en as un gros qui t'est sorti là, juste sur le nez, avec une belle tête blanche... Eh bien tu vois, ce bouton-là, pour toi, c'est la preuve que Dieu n'existe pas !

Quarante années plus tard, je pense exactement le contraire. Cette acné qui me défigure est sans aucun doute un signe du ciel. Je crois que rien n'arrive par hasard dans la vie, et que sans cette épreuve je ne serais peut-être jamais devenu le comédien que je suis aujourd'hui. La première épreuve avait été de me faire aimer des miens, moi qui n'étais pas désiré. La seconde est à présent de me faire aimer des filles. Avec la gueule toute grêlée, comment veux-tu réussir à embrasser une fille si tu ne fais pas un petit effort pour la faire rire ? Je crois que c'est un truc que je comprends très vite. Est-ce que je suis déjà drôle ? Oui. En tout cas, j'ai le souvenir d'attroupements autour de moi dans la cour de récréation, ou dans la classe, quand le prof n'est plus là et que je grimpe sur son bureau. J'ai déjà découvert Robert Lamoureux, mon maître aujourd'hui encore, et je suis capable de le singer. Le Robert Lamoureux chansonnier, celui de *Papa, Maman, la bonne et moi*, celui du *Canard était toujours vivant*. Cette technique des gags à tiroirs dont je vais m'inspirer plus tard, c'est lui, c'est déjà lui.

> J'ai vu mon père plonger de dix mètres. On pensait pas que le vieux aurait eu le courage. Lui non plus d'ailleurs, il a glissé sur une savonnette. Sur le ventre il est arrivé. Pas le sien, hein. Y avait un gars qui faisait la planche en dessous. Huit jours au fond ils sont restés. Ça va qu'il y avait pas d'eau, sinon ils étaient trempés.

Et ça marche. Les filles éclatent de rire, ne remarquent plus mes boutons, et se laissent embrasser. Enfin, de temps en temps. Bientôt, comme le Grand Meaulnes, je m'enfuis en courant du collège pour retrouver Catherine ou Bénédicte, au coin du salon de coiffure, rue des Aulnes, ou rue de Chanteloup, sous les tilleuls. Je reçois des mots d'amour qui me coupent le souffle, signés d'un baiser écarlate, tachés de larmes, et d'où s'échappe parfois une mèche de cheveux qui a le parfum de son cou, de sa bouche... Dans ces moments-là, tu te dis que jamais tu ne connaîtras plus un tel bonheur, tu as les joues en feu, la poitrine trop petite pour contenir ton cœur, tu te fais croire que tu aimerais mourir, que tu balances entre l'envie de vivre et de mourir, alors que tu comptes déjà les heures avant le prochain rendez-vous.

Songer qu'elle t'attend, qu'elle va te fondre dans les bras, te tendre les lèvres... Évidemment non, tu n'as pas envie de mourir ! Maintenant, il se dit que je suis drôle, il se murmure que j'embrasse bien, que je suis doux et gentil avec les filles, alors il m'arrive une chose que je n'avais pas prévue. Je n'ai déjà plus l'innocence du Grand Meaulnes, j'ai une petite cour autour de moi, et cependant il y a là-bas une grande fille que je trouve encore bien trop belle pour oser l'approcher. Celle-là, je sais qu'elle a déjà fait l'amour, je sais même avec qui, alors je lui tourne autour en priant secrètement pour qu'il ne se passe rien. Je crois que je perdrais mes moyens, que je me mettrais à trembler comme une feuille, alors non, non...

Et un soir, c'est elle qui m'aborde. Mais en riant, avec l'air de la fille qui connaît bien son sujet.

– Ça va, Jean-Marie ? J'ai l'impression que tu t'arranges pour qu'on ne soit jamais ensemble...

– Ah pas du tout ! Pas du tout !

– L'autre jour, je te regardais, et t'as fait comme si tu ne me voyais pas. Je te fais peur ?

– Mais ça va pas de croire des trucs pareils ! Pourquoi tu me ferais peur ?

– Ah bon ! Parce que moi, tu sais, j'aimerais bien qu'on soit amis. Enfin, ça me déplairait pas, si tu vois...

– Ben oui, moi aussi j'aimerais bien... En plus, t'es vraiment jolie !

– Ah ouais, tu trouves...

– Ben on te l'a jamais dit ?

– Si, si, mais tu sais, les garçons... Toi, par exemple, t'as déjà fait l'amour ?

– Ben évidemment !

– Alors tu serais d'accord pour qu'on aille au cinéma ?

La tuile ! Je suis en 4e, je n'ai jamais déshabillé une fille, et ce jour-là je prends piteusement la fuite.

Mais sinon, ce sont des années enivrantes, les plus belles saisons de ma vie. Est-ce que je ne suis pas le roi du pétrole ? Je vais de fleur en fleur, je suis déjà un homme, je peux jouir de la vie, et cependant je ne me sens responsable de rien du tout ni de personne. Je n'ai aucun souci, je ne possède rien sur la terre, mais je suis milliardaire de bonne humeur, de bonne santé, de désirs. C'est bien simple, si je croisais une fée, là, tout de suite, tandis que j'écris les premières pages de ce livre et que je me remémore ces années, eh bien, je lui donnerais sans hésiter tout ce que j'ai réalisé depuis, je veux dire mes spectacles, mon succès, ma maison, la reconnaissance, l'argent... pour qu'elle me rende seulement mes 14 ans ! Je donnerais tout pour revenir à mes 14 ans. C'est surprenant, n'est-ce pas, d'écrire cela dans ma position, à 53 ans, tandis que chaque soir des milliers de gens m'applaudissent ? Oui, mais à 14 ans je pouvais encore flâner, et me retourner sans avoir peur de mon ombre. À 14 ans, je n'imaginais pas l'étendue du chagrin qui allait me fondre dessus. Combien d'années de bonheur me restait-il à vivre ? Peut-être six ou sept, je ne sais pas exactement, je suis incapable de me rappeler la date précise du jour où ma vie a commencé à s'effondrer.

L'année de mes 15 ans, ce sont mes résultats scolaires qui s'effondrent. Je retape ma 4e, et c'est la consternation dans la famille. « Tu ferais bien de prendre exemple sur ton frère, parti comme t'es, tu vas finir pompiste ! » Jean-Pierre a formidablement réussi, lui, il a huit années de plus que moi et à présent il vend des voitures. Il porte une cravate, il ne fait jamais une faute d'orthographe, il est la fierté de mes parents. Papa travaille dans une charcuterie industrielle. Quand nous étions petits, il était charcutier ambulant. On ne le voyait pas beaucoup. Bien avant le lever du jour, il partait sillonner la campagne au volant de son tube Citroën. Il vendait ses poulardes, son boudin, son andouillette et ses pâtés à travers les petits bourgs de l'Aube. Puis il est tombé malade, d'épuisement, et le médecin lui a conseillé de prendre une place dans une entreprise. Il aurait au moins ses nuits et ses week-ends. Maman, Anne-Marie et Martine travaillent toutes les trois à l'usine. Maman y va à Mobylette, mes deux grandes sœurs à bicyclette, en attendant de pouvoir s'offrir un Solex. Elles assemblent du petit matériel électrique pour l'industrie automobile. En somme, tout le monde travaille dur à la maison. Sauf moi.

Jean-Pierre est le plus virulent. « T'es qu'un petit merdeux, si tu continues comme ça, tu ne feras jamais rien de ta vie. » Mes parents ont l'air plus en colère contre eux-mêmes que contre moi, comme s'ils se reprochaient de n'avoir pas été suffisamment sévères. Ils n'ont pas d'argent, ils sont plus pauvres que pauvres, mais ils décident tout de même de m'envoyer une année en pension, dans un collège privé à la discipline militaire censé remettre sur les rails les fortes têtes.

Mon nouveau bahut est à Mesnil-Saint-Loup, un bourg de trois cents habitants, à une petite demiheure de Troyes. Une prison en réalité, dirigée par un ancien officier. Et cependant, cette année de 3e est peut-être la plus merveilleuse de mon adolescence. Plus Grand Meaulnes que jamais avec mes deux années de retard, je m'impose comme le chef naturel du collège. Je défends les plus petits, j'ai le sens de l'amitié, de la solidarité, de sorte que je suis aimé et respecté par les autres élèves. Même les surveillants m'ont à la bonne, certains soirs ils me laissent fumer, ce qui ne m'empêche pas d'être collé tous les jeudis après-midi pour indiscipline, ou mauvais travail.

Je ne reçois plus de mots doux, de mèches de cheveux, mais je suis transi d'amour pour une jeune fille aussi inaccessible que la demoiselle de Galais du roman d'Alain-Fournier. Elle s'appelle Marie. Je la vois passer tous les jeudis sous le mur d'enceinte du collège, au milieu de sa classe. C'est une fille du village, elles vont aux vêpres. À l'instant où nos yeux se croisent, c'est exactement comme si un arc électrique me traversait le cœur. Nous ne nous connaissons pas, nous ne nous sommes jamais parlé, mais l'émotion que je devine dans son regard me laisse tremblant et ravi. Marie, dont j'ai su le prénom par hasard, et qui peut-être ne connaît pas le mien, remplit ma solitude.

Il nous arrive aussi, parfois, de nous apercevoir le dimanche matin à la messe. Nous, les pensionnaires, debout dans les premiers rangs, sur la gauche, et elle avec ses parents, un peu dans le fond. Marie n'est pas spécialement jolie, elle porte des lunettes, elle souffre d'un léger strabisme, je ne crois pas que l'idée viendrait aux autres garçons de se retourner sur elle, et cependant elle illumine chaque seconde de mon quotidien. Qui saurait me dire pourquoi nous nous aimons, pourquoi la petite divergence de son œil me bouleverse à ce point, et de quoi est donc faite cette attente, cette impatience ? Les vacances d'été nous sépareront avant que nous ayons pu nous approcher, me laissant dans le cœur ce rêve intact.

Une page se tourne au retour du pensionnat. Je prends soudain conscience que la vie est moins éthérée qu'il n'y paraissait. J'ai 16 ans, je dois être orienté, et la seule voie qu'on me propose est un BEP de mécanique générale. Pourquoi pas ? De toute façon, je préfère la mécanique générale à la charcuterie. Un jour, petit, on m'a demandé ce que je voulais faire plus tard, et comme mon père était assis à côté de moi, j'ai répondu du tac au tac : « Charcutier, comme papa ! » Avec un point d'exclamation, pour bien montrer à mon père combien je l'aimais. Mais c'était évidemment un mensonge. En CM1, déjà, son métier me faisait horreur. Ou plutôt sa vie. Son retour en fin d'après-midi, avec tous ses produits invendus au fond du tube Citroën. Cette charcuterie qu'il fallait remiser aussitôt dans les réfrigérateurs. On faisait la chaîne avec mon frère et mes sœurs. Et puis on lui donnait un coup de main pour préparer la marchandise du lendemain. Le laboratoire occupait une pièce de la maison. On lavait les boyaux, on les coupait en lanières pour la préparation de l'andouillette, on récurait les plats pour les terrines, on surveillait les cuissons... Quand on se levait, le matin, papa était déjà reparti sur les routes.

Est-ce que je m'imagine un jour tourneur, fraiseur ou ajusteur ? Peut-être, je ne sais pas, je n'ai aucune idée de ce que sera mon avenir. J'entre au lycée technique parce qu'il faut bien entrer quelque part à 16 ans, mais dans le même temps je commence à regarder mes parents différemment. Je veux dire leur condition. Est-ce qu'on peut envier leur vie ? Est-ce qu'on peut vouloir marcher sur leurs traces ? Il me semble qu'ils n'ont fait que travailler, travailler, en se privant de tout pour élever dignement leurs quatre enfants, et qu'aujourd'hui, à l'approche de la cinquantaine, si jeunes encore, ils sont usés, brisés.

Je les aime infiniment, je les estime, je les respecte, je n'ai pas un soupçon de condescendance à leur égard, encore moins de mépris, ce mépris qu'ont parfois les grands adolescents pour la *misère* de leurs parents, mais je ne les envie pas. Non, voilà, ils ne sont pas un modèle, et le découvrir petit à petit me rejette dans une espèce de *no man's land* où tout me paraît alors à réinventer. Tout, sinon la morale, la droiture, le respect d'autrui, qu'ils m'ont transmis comme aux trois autres, même si je ne suis qu'un *petit merdeux*, comme ne manque jamais de me le rappeler mon frère aîné.

J'exprime cela en quelques phrases, avec les mots de l'homme que je suis devenu, alors que la découverte de mes parents m'occupe sans doute bien plus que l'apprentissage de la mécanique durant mes trois années de lycée. N'est-ce pas l'âge où l'on se construit, au regard de ce que sont nos parents, de ce qu'ils nous ont donné, ou n'ont pas pu nous donner ?

Je sais peu de choses des miens. Je sais que mon père fut un enfant martyr, élevé par une belle-mère qui le haïssait, et un père trop faible pour prendre sa défense. Je sais qu'il n'y avait pas de jour où il n'était pas frappé, à coups de tisonnier, sur la tête, dans les jambes. Ils avaient une boutique, et mon père était leur petit commis, leur souffre-douleur. Elle lui brandissait sous le nez ses serviettes périodiques, et elle hurlait : « Regarde, je saigne, et je ne me plains pas, moi. Tout ça, c'est de ta faute ! »

Elle lui avait demandé : « Tu veux être pâtissier ou charcutier ? – Je voudrais bien être pâtissier, avait-il répondu. – Eh bien, tu seras charcutier ! » Elle avait fait de lui un charcutier, alors que petit, déjà, il avait la phobie du sang, des couteaux, de tous les objets tranchants. Mais elle voulait le punir d'exister, et qu'il paye toute sa vie le malheur d'être né. « La chose la plus horrible, disait-il, devenu notre père, ça doit être de mourir de coups de couteau. » Il était entouré de couteaux, et il allait mourir assassiné à coups de couteau, comme si le spectre de cette femme monstrueuse n'avait pas cessé un instant de le poursuivre.

Je suis né de cet homme-là, martyrisé, et il me semble que cette envie d'exister que j'ai depuis toujours, cette formidable envie d'exister, de parler fort, de me faire entendre, je l'ai puisée dans le chagrin inconsolable et silencieux de mon père. Comme si c'était lui qui hurlait en moi. Lui à qui on ne pouvait pas offrir un cadeau sans qu'il se mette à pleurer.

– Tiens, papa, c'est pour toi.

Il avait beau être boxeur, être solide comme une bûche, c'était trop d'émotion qu'un de ses enfants le gâte, qu'on lui dise ainsi à notre façon combien on l'aimait. Trop d'émotion après ce qu'il avait vécu. Alors on voyait ses yeux s'embuer et, tout en défaisant le paquet, il s'en allait pour qu'on ne le voie pas pleurer.

Comment se rencontrent-ils, maman et lui ? J'imagine dans un petit bal, comme on se rencontre à la campagne. On sort juste de la guerre, toutes les occasions sont bonnes à prendre pour s'amuser. Marcel a déjà en main un métier, ce métier qu'il n'aime pas, Gisèle sait tenir une maison et n'a pas peur du travail. Sur les rares photos de cette époque, ils ont l'un et l'autre le regard grave, bien trop grave pour les enfants d'à peine plus de 20 ans qu'ils sont alors. C'est ce qui me fait penser qu'ils se sont reconnus, lui l'enfant battu, et elle la fille mal aimée d'un couple de paysans.

La jeunesse de ma mère, c'est un peu celle de Cendrillon. Parce qu'elle ne se plaint jamais, elle est devenue la domestique de la ferme, celle qui se sacrifie pour traire les vaches, pour récurer les étables, tandis que Jacqueline, sa cadette, prend soin de ses ongles. Maman ne parlait pas volontiers de son enfance, juste quelques souvenirs qu'elle laissait parfois échapper comme pour nous ramener à la réalité de la vie. Mais il se trouve que j'ai connu la femme qui l'a rendue si malheureuse enfant, ma grand-mère, et que je l'ai vue reproduire chez nous ce qu'elle avait fait chez elle. Mon frère aîné était un dieu vivant à ses yeux, tandis que je ressentais tout le poids de son aversion pour moi. Elle me méprisait, comme elle avait dû mépriser sa propre fille. C'était sans conséquence au quotidien, puisque je n'étais pas sous son autorité, et cependant, après tant d'années, repenser à son regard sur moi est comme une blessure qui ne cicatrise pas. Je peux donc imaginer combien ma mère a dû souffrir jusqu'à ce jour où son destin croise celui de mon père.

Ils espèrent un fils pour démarrer la famille, et le bon Dieu leur donne Jean-Pierre. Ma mère aurait dit ensuite : « Maintenant, ça serait bien qu'on ait une petite fille, tu ne trouves pas, Marcel ? » Si, mon père est de cet avis, et c'est Anne-Marie qui vient au monde. De nouveau enceinte, ma mère aurait ajouté : « Pourvu que ça soit encore une fille, qu'elle puisse terminer les petits vêtements d'Anne-Marie. » Et encore bingo, c'est Martine qui débarque ! Ce sont les aînés qui m'ont rapporté cela, d'après les confidences que leur aurait faites notre mère. Martine va sur ses 3 ans quand je m'annonce. Alors, contre mauvaise fortune, papa aurait eu ce mot magnifique : « Une famille, c'est comme une table, pour tenir debout il lui faut quatre pieds. »

Du jour de ma naissance, Jean-Pierre et Anne-Marie conservent le souvenir d'une grosse injustice faite en mon nom. Au moment de quitter l'école, à 11 h 30, on leur annonce qu'ils sont consignés. Quelle bêtise ont-ils commise, eux si sages ? Aucune, juste celle d'être mon frère et ma sœur. Tandis que ma mère accouche à la maison, mon père a demandé à l'école de retenir les aînés, qu'ils ne tombent pas en plein cataclysme, et l'instituteur n'a pas trouvé d'autre stratagème que de les punir pour une faute imaginaire. Quand on les libère enfin, et qu'ils retrouvent le toit familial, mon père leur lance :

– Ça y est, votre petit frère est arrivé.

– Mais arrivé comment ?

– C'est le facteur qui l'a apporté.

– Ah bon, le facteur !

– Oui, il l'a amené dans une boîte.

Papa leur montre une jolie boîte, avec du coton dedans.

– On peut la garder, la boîte ?

– Non, non, elle est consignée.

Maman est une mère de famille aimante, consciencieuse, dévouée. Aussi loin que je remonte, je la vois se dépenser pour qu'on ait toujours tout ce qu'un enfant doit avoir. Nous n'avons pas d'argent, mais nous ne manquons ni d'amour, ni de vêtements soigneusement reprisés et repassés, ni de viande puisque papa est charcutier.

Pour les vacances d'été, nous allons chez nos grands-parents, dans cette ferme de l'Aube où ma mère a grandi. C'est mon grand-père qui vient nous chercher au volant de sa 203 Peugeot fourgonnette, et je sais que commencent ce jour-là deux mois et demi d'un bonheur sans tache, en dépit de l'hostilité de ma grand-mère à mon égard. Mon grand-père, lui, est un colosse aux mains carrées dont j'adore les manières simples. Avec lui, je découvre les travaux des champs et de la ferme. Et puis là-bas, nous retrouvons nos cousins, les quatre enfants de Jacqueline, la sœur de maman, à peu près du même âge que nous. « Pépère, c'est le plus beau jour de ma vie », dis-je quand je le vois descendre de sa 203 pour nous embarquer. Pour te dire ma tristesse, à la mi-septembre, quand il faut faire la route dans l'autre sens, avec l'école pour terminus...

Oui, maman se donne aux siens sans compter, comme si elle y trouvait son bonheur en retour, et c'est à l'adolescence que je commence lentement à deviner qu'en réalité elle nous sacrifie sa vie. Je le devine à certaines réflexions qu'elle fait en riant, comme si ça ne pesait rien. « Ma hantise, dit-elle, c'est de savoir ce qu'on va manger chaque soir. Mon Dieu, qu'est-ce que je vais bien pouvoir vous préparer ? » Elle rentre du travail, elle est épuisée, et parfois elle n'a même plus la force de sourire, de faire semblant.

Qu'est-ce que je pressens du drame qui nous guette ? Je ne sais pas, c'est un sentiment douloureux et confus, comme si je craignais que maman ne nous quitte aussitôt élevé son dernier enfant, c'est-à-dire moi. Comme si j'avais compris inconsciemment qu'elle s'était donné pour limite de nous mener tous les quatre au seuil de l'âge adulte, et qu'ensuite elle s'en irait puisque nous n'aurions plus besoin d'elle, puisque plus rien ne la retiendrait. D'ailleurs, elle le disait, en forme de boutade, sans doute, mais comment ne pas l'entendre ? « À partir du moment où mes enfants seront élevés, répétait-elle, je pourrai mourir tranquillement. »

Je ne sais pas comment je me formule les choses, mais c'est une appréhension qui s'installe durablement dans un petit coin reculé de mon cœur, et qui me souffle à l'oreille de ne pas grandir, de rester petit. J'ai 17 ans, je fais déjà mon mètre quatre-vingts, mais si je trouve ma mère sur une chaise en train d'éplucher les patates, je vais volontiers m'agenouiller auprès d'elle pour me blottir dans ses bras. Si j'osais, je prendrais mon pouce, et je resterais là, à écouter battre son cœur, et rien ne lui arriverait, et rien ne nous arriverait, et dans mille ans nous serions toujours dans cette cuisine, pressés l'un contre l'autre.

– Mon Jean-Marie, mon bébé, soufflait-elle après un moment, je n'ai jamais vu un enfant aussi sensible. Tu es le plus câlin des quatre.

– J'ai besoin de toi, maman. Je t'aime.

– Oh moi aussi, je t'aime, mon chéri. Tu le sais bien, n'est-ce pas ?

– Oui, je le sais, mais redis-le-moi encore.

Chapitre 2

On était quatre copains. Quand on nous demandait où on irait gratter en sortant du lycée technique, on répondait : « On a décidé de prendre notre retraite à 18 ans. Si tu réfléchis bien, c'est vachement mieux qu'à 65. »

Je ne voulais être ni charcutier comme mon père ni ouvrier comme ma mère et mes sœurs. Je crois que je ne pouvais pas me résoudre à ce que la vie se réduise à l'image que m'en donnaient mes parents : travailler du matin au soir sans voir le jour. C'était impossible, ça ne pouvait pas démarrer si joyeusement, dans la découverte des filles, de l'amour, de la sensualité, et sombrer aussi vite dans ce long tunnel. Quand on en apercevait le bout, à l'heure de la fameuse retraite, c'était généralement le moment de rendre des comptes au bon Dieu. C'était impossible, il devait se passer dans la vie des choses éblouissantes, magnifiques, bouleversantes, comme l'éclosion du printemps, comme les grands orages d'août, comme la tombée de la neige durant la nuit de Noël. Si la nature le faisait, on pouvait également le faire, nous qui étions ses enfants.

Oui, seulement ni mes copains ni moi n'avions la moindre idée de ce qu'il fallait entreprendre pour échapper au tunnel et accéder à cet autre monde. Et je voyais bien que je ne devais pas compter sur les miens pour me l'expliquer. Si j'avais exprimé tout haut mes rêves, mes attentes, je crois que mes parents, sortant de l'enfance qu'ils avaient eue, de la vie qu'ils s'étaient construite, n'auraient tout simplement pas compris de quoi je leur parlais. Quant à Jean-Pierre, la fierté de la famille, la star, quand il m'entendait philosopher sur le plaisir, sur la liberté, il levait les yeux au ciel en soupirant, avant de lâcher une de ces petites phrases qui me laissaient un instant K-O debout : « Si je te comprends bien, le mieux, c'est de ne rien branler. Eh bien tu sais ce qui va se passer ? Tu vas finir pompiste, et tu l'auras bien cherché ! »

Je n'ai pas fini pompiste – encore que je l'aie été pendant quelques mois pour me payer une Mobylette et que ça ne m'ait pas déplu –, mais, avec le recul, j'ai compris combien cette histoire de retraite à 18 ans, qui pouvait alors passer pour une bouffonnerie, était en réalité bien inspirée. Comme si une voix me soufflait soudain d'attendre, de ne rien précipiter. Quelle aurait été ma vie, si, comme mes sœurs, j'étais entré en usine avec mon BEP de mécanique générale ? L'opportunité d'en sortir se serait-elle présentée ? Au lieu de cela, en ne choisissant rien, en me mettant effectivement en retraite, eh bien j'ai laissé toute la place à ce qui pouvait survenir d'imprévisible. Comment une chose formidable peut-elle t'arriver, si tu n'as pas la place pour l'accueillir ? Soit elle ne va pas se présenter, soit tu ne vas même pas la voir, trop occupé à tenir la cadence et à courir du matin jusqu'au soir.

Et donc, je n'entre pas à l'usine. Et donc, avec mes trois potes, Néné, Dominique et Craco, nous décidons de laisser partir le train sans monter dedans. Peut-être qu'on prendra le prochain, mais peut-être pas, faut voir. En attendant, comme le dit tout haut Jean-Pierre, et comme le pense sûrement tout bas le reste du quartier, nous formons « une belle bande de petits branleurs ».

On a 18 ans, on devrait partir pour le service militaire, mais on parvient tous les quatre à y échapper. Craco est malade du cœur, moi je suis sourd d'une oreille, les deux autres simulent des troubles mentaux.

Pourtant, dans les trois mois qui ont suivi notre majorité, tout éclopés que nous soyons, nous avons réussi à décrocher le permis de conduire, et nous nous sommes offert une voiture d'occasion. Une pour quatre, c'est largement suffisant. Elle nous est indispensable pour nous promener, pour ramener des filles, et pour organiser notre petit business.

En ce temps-là, au début des années 1970, les campagnes françaises regorgent encore de ces vieilles tractions avant Citroën qui ont traversé la guerre, fait la gloire des maquis à la Libération, et qu'on a petit à petit remisées au fond des granges. Nous qui sommes mécaniciens allons désormais les y rechercher. Les paysans sont vendeurs, elles ne les intéressent plus, les vieilles tractions. Pour cent francs, cent cinquante au maximum, elles sont à nous. On les traîne jusqu'à un hangar qui nous fait office de garage, dans la maison de campagne de l'un d'entre nous. On les retape, on leur fiche même un coup de peinture si nécessaire, et on les revend à Paris entre trois mille et cinq mille francs pièce selon l'état. Au moins trente fois leur prix d'achat ! À ce tarif, on vit tout à fait décemment. Et si ça ne suffit pas, on se fait embaucher pour trois mois dans une usine du coin, et on profite des indemnités du chômage pendant les neuf suivants.

Une belle bande de petits branleurs, oui. Et cependant, je m'interdis absolument de faire quoi que ce soit de malhonnête. À l'école, déjà, je devais faire preuve de courage pour ne pas piquer des caramels à la boulangerie, comme tout le monde. Enfin, comme tous mes copains le faisaient. Mais moi non. Moi jamais. On me traitait de pleutre, de gros dégonflé, de lâche, ça n'était pas tous les jours facile à entendre, mais je disais : « Non, les gars, faites comme vous voulez, mais moi je prends pas les trucs qui ne sont pas à moi. » Entre nous quatre, c'est de nouveau la même chose. Je vois bien qu'à l'occasion mes potes gaulent une boîte de thon en miettes, c'est si facile, mais pour moi c'est impossible, ça me rendrait malade. Je veux bien partager le thon avec eux, mais je ne peux pas le voler.

Pourquoi ? Comment expliquer ça ? Eh bien, ç'aurait été comme si je trahissais mes parents. L'un et l'autre avaient tellement subi, enfants, le manque de respect, que si j'avais manqué à mon tour de respect à quelqu'un, j'aurais eu le sentiment de me ranger du côté de leurs bourreaux. Voilà, je ne peux pas l'exprimer plus simplement. Mes parents n'ont jamais eu besoin de m'interdire quoi que ce soit, ils ne m'ont jamais ni surveillé ni menacé – « Tu seras puni si tu fais ceci ou cela » – non, jamais, j'ai mesuré tout seul le prix de leur confiance, de leur amour, et compris intuitivement qu'il y a une chose qu'on ne doit jamais faire, dans la vie, sous peine de perdre son âme, c'est manquer de respect à son prochain. Et le voler, n'est-ce pas lui manquer de respect ?

C'est la première fois que j'essaie de mettre des mots sur cette morale qu'incarnaient silencieusement mes parents. Quand mes copains d'école brandissaient comme un titre de gloire d'avoir été retenus au commissariat de police où leurs parents étaient venus les chercher, j'éprouvais, moi, un sentiment d'horreur à imaginer mon père et ma mère dans une telle situation, par ma faute. Je crois qu'à l'inverse de beaucoup d'enfants, je ne me suis pas construit *contre* mes parents, mais dans une profonde solidarité avec eux, comme si j'avais compris très tôt qu'ils étaient trop fragiles, qu'ils arrivaient de trop loin, pour subir en plus les coups d'un *mauvais fils*. Aussi loin que je remonte, bon ou mauvais élève, je suis *avec* eux, soucieux de ne jamais leur faire honte sur la chose qui compte plus que tout à leurs yeux : la conduite morale.

Et sans doute le sport m'y aide-t-il. Jean-Pierre est handballeur, et dès l'âge de 7 ou 8 ans je marche sur ses traces. Bientôt, c'est la seule activité dont je puisse espérer des éloges de mon grand frère. Il est capitaine de l'équipe, je suis un attaquant combatif, mon poste est l'aile gauche, et les journalistes écrivent que j'ai « la rage de vaincre ». Nous jouons en national 2. Je plante ma scolarité, je refuse d'entrer à l'usine, je prends ma retraite à 18 ans, mais à aucun moment je n'abandonne le handball.

Comme si ce sport, commencé si jeune, était indissolublement lié à l'éthique de mes parents. D'ailleurs, la seule fois où je verrai mon père fier de moi, c'est en rentrant du championnat de France interzones. J'ai été sélectionné dans l'équipe juniors de la région nord-est de la France, et nous avons gagné le tournoi. Je reviens avec une médaille autour du cou. Les yeux de mon père ! On aurait dit que cette ombre qui les voilait toujours venait soudainement de se déchirer.

– Putain, il nous a ramené une médaille !

Il ne l'a pas dit, bien sûr, mais ce sont ces mots-là qui lui ont traversé l'esprit, j'en suis sûr, je les ai lus dans son regard.

– Putain, il nous a ramené une médaille !

Et pendant quelques jours il ne m'appelle plus que « champion ». « Salut champion ! »

Il est arrivé un moment où maman a dû penser que j'étais devenu adulte, qu'elle ne pouvait plus rien faire pour moi. Je n'avais pas de métier, je gagnais le peu d'argent qu'il me fallait en retapant des vieilles tractions, je tombais amoureux plusieurs fois par jour, mais, malgré tout, maman a dû penser que ça y était. Son petit dernier volait de ses propres ailes, il se débrouillerait.

Comment a-t-elle pu se figurer une chose pareille ? Il me semble que tous les matins je la laissais me prendre dans ses bras, et que je lui murmurais des mots d'enfant – « Je t'aime, maman... J'ai besoin de toi... Serre-moi fort... » Comment a-t-elle pu se figurer que j'étais devenu un homme ?

Nous la découvrons de plus en plus souvent se tenant le ventre, marchant à petits pas, comme pliée par une douleur sourde qu'elle a bien du mal à nous dissimuler. Et puis nous remarquons tous qu'elle maigrit au fil des semaines. Elle ne se plaint pas, mais prend de plus en plus de médicaments anesthésiants.

De quoi souffre-t-elle ? Quand on le lui demande, elle dit : « C'est comme des calculs, mais ça ne peut pas être des calculs, n'est-ce pas ? Alors c'est sûrement rien du tout, ne te fais pas de souci, ça va passer. » Non, ça ne peut pas être des calculs, puisqu'elle s'est fait retirer la vésicule biliaire cinq ans plus tôt.

Les jours, les semaines passent, et les douleurs ne la quittent plus. Maman semble s'installer silencieusement dans une maladie qui ne dit pas son nom. Elle est si discrète, si effacée, qu'on s'habituerait presque à la voir vivre en se tenant le ventre en permanence, constamment minée par un mal mystérieux. Mais il est impossible de ne pas voir combien elle a maigri ces derniers temps. Et c'est cela qui alerte papa.

– Jean-Marie, je voudrais te parler, me dit-il un jour.

Jamais mon père n'a demandé à me parler. Jamais il ne s'est adressé à moi sur ce ton, avec cette gravité, et je sens mon dos se raidir, mon sang se glacer.

– Bien sûr, papa.

– Dis-moi, t'as pas l'impression que ta mère, elle est en train de foutre le camp ?

Au fond de moi, une voix hurle : « Si ! si ! Il faut faire quelque chose, je t'en supplie, très vite, j'ai tellement peur. » Depuis des semaines, je suis obsédé par les souffrances de maman, sourdement travaillé par une angoisse indicible, et c'est la première fois que des mots sont enfin mis sur ce cauchemar. Seulement je ne peux pas supporter ces mots, le malheur qu'ils annoncent, que je devine, et je m'entends répondre :

– Tu rigoles ou quoi ? Elle m'a encore dit hier qu'elle se sentait mieux.

– Ah, elle t'a dit ça ?

– Ben évidemment ! Comment tu peux penser un truc pareil ?

Cependant, nous sommes tous terriblement inquiets, et je me sens soulagé quand la décision est enfin prise de la faire hospitaliser à Paris. Pourquoi Paris, pourquoi pas Troyes, je ne sais pas.

Mais maman est enfin prise en charge, et il me semble que nous apprenons très vite qu'elle va être de nouveau opérée.

C'est le jour même, ou au lendemain de cette intervention, que la nouvelle nous est donnée. Dans mon souvenir, nous sommes tous les quatre réunis autour de papa. Voilà, les médecins ont ouvert, maman a un cancer du pancréas qui s'est généralisé, elle va mourir, il n'y a plus rien à faire, plus rien à tenter. D'ailleurs, les chirurgiens ont refermé, en prenant seulement soin de couper les gaines des nerfs pour qu'elle ne souffre pas trop, parce qu'il n'existe rien de plus douloureux qu'un cancer du pancréas.

J'entends, mais je n'y crois pas. Je sais que ça peut arriver de mourir, j'ai le souvenir de copains qui ont perdu leur père, ou leur mère, à l'époque ça me semblait parfaitement acceptable, acceptable pour eux, je veux dire, mais pour moi, non. Pas ma mère à moi. Sûrement pas. Les autres mères, d'accord, je peux comprendre, mais pas maman. Maman c'est impossible, tout simplement impossible.

Alors je fais un truc qui va la sauver, j'en suis sûr. J'ai lu qu'en Afrique certains sorciers font des miracles. Je vais mettre mes pas dans les leurs. Je prends des cheveux de maman sur sa brosse, et en cachette de mes frère et sœurs je file avec un couteau derrière la maison. On a planté un jeune cerisier. J'entame profondément le tronc, jusqu'à atteindre le cœur de l'arbre, et dans l'entaille je glisse les cheveux de ma mère. En mourant, dit-on, l'arbre sauvera la personne dont il a emporté une mèche de cheveux.

Entre-temps, maman a été ramenée à la maison. Mais elle n'y reste pas, elle a besoin de soins, de médicaments, et elle est très vite hospitalisée à Troyes.

« Dites-vous qu'il lui reste quelques jours à vivre... Une semaine au maximum », nous ont dit les médecins.

Dites-vous... Je me le dis, oui, je me le répète, mais c'est comme si les mots étaient détachés de la réalité. Ça n'entre pas. D'ailleurs, maman est toujours là après une semaine, et je crois qu'au fond de moi j'ai la certitude qu'elle sera toujours là dans un an, dans dix ans.

Un jour, je la découvre devant le lavabo de sa chambre, en train de vomir.

– Maman, ça ne va pas ?

– C'est rien, c'est de la bile.

– T'es sûre ?

– Oui, ne te fais pas de souci, aide-moi plutôt à retourner au lit.

– Depuis quand tu vomis comme ça ?

– C'est rien, je te dis, ça va passer. Je me sens beaucoup mieux depuis cette deuxième opération.

Lui a-t-on dit qu'elle souffrait d'un cancer du pancréas et qu'elle était perdue ? L'a-t-elle deviné ? En tout cas, c'est bien des caillots de sang qu'elle vient de vomir, et non de la bile comme elle voudrait me le faire croire.

Maintenant, c'est tous les jours que nous la surprenons en train de vomir des caillots de sang, des caillots énormes, noirs, impressionnants, et c'est tous les jours que nous l'entendons nous mentir :

– C'est rien, c'est de la bile.

– T'es sûre, maman ?

– Mais oui, ne te fais pas de souci, ça va très bien aller.

Comment a-t-on pu entrer dans son jeu, accepter, faire semblant ? Ce que je comprends aujourd'hui, avec le recul des années, c'est qu'en feignant de croire à ses mensonges, on l'a laissée toute seule avec la mort. Avec *sa* mort. Et c'est exactement ce qu'elle cherchait. Bien sûr qu'elle savait qu'elle allait mourir, bien sûr qu'elle aurait pu nous la donner, sa mort, qu'on la partage, qu'on la porte avec elle, mais elle a voulu nous épargner ce calvaire, et elle y est parvenue. Toute sa vie, elle en avait pris plein la figure, eh bien elle allait encore prendre sa mort, tiens, toute seule, sans un mot plus haut que l'autre.

On aurait dû lui dire : « Non, maman, c'est pas de la bile que tu vomis, tu vois bien, c'est des caillots de sang. » On aurait dû lui dire : « Tu n'as plus que quelques jours à vivre maman, on le sait, les médecins nous l'ont dit, alors ne te fatigue pas à nous mentir. Tu vois, on est tous là. On ne va plus te quitter maintenant. Il faut que tu te prépares à partir, et on va t'y aider de toute notre force, de tout notre amour. » Vingt ans plus tard, c'est en thérapie que je m'entendrai prononcer ces mots que je n'avais pas eu la force d'articuler sur le moment.

On s'est tus, on a joué les ignorants, et maman n'a pas pu dire ce que tout être humain a besoin de dire : « Oh, si tu savais comme j'ai peur ! Comme je me sens seule ! Parle-moi, prends-moi la main... »

C'est deux mois avant sa mort que j'entre comme barman au Tricasse, un café du centre-ville. Je le fais pour elle, parce que j'ai soudain honte de ne rien branler, quand elle a tellement travaillé. Chaque jour, en arrivant à l'hôpital, je suis fier de lui dire que je sors du boulot. Comme ses trois autres enfants, comme tous les gens respectables. « Regarde, maman, je sors du boulot ! » Si elle doit mourir, eh bien elle partira avec la satisfaction de savoir son petit dernier au turbin. Si elle doit mourir...

Mais je n'y crois pas. La veille de sa mort, je n'y crois toujours pas. Et puis maman sur son lit de mort, maman dans son cercueil, maman que nous conduisons au cimetière... Je devrais y croire, cette fois, mais je n'ai pas une larme. Je me revois franchissant toutes ces étapes, suivant le cercueil dans l'allée du cimetière, marchant entre mes sœurs, juste derrière mon père et Jean-Pierre, marchant solennellement, comme on nous a appris à le faire les jours de cérémonie. Les grands jours. Et c'est un grand jour, n'est-ce pas, puisque maman est morte. Mais non, mon corps est bien présent, mais mon cœur n'a pas suivi. Mon cœur est encore auprès d'elle, dans sa chaleur, dans sa tendresse. Je marche dans l'allée du cimetière, et quelque chose me dit qu'au retour on retrouvera la maison bien chaude, la table mise et le pain coupé dans la corbeille. Le pain rassis, hein, parce que avant de manger le frais, il faut finir celui de la veille, de sorte qu'on mangera demain le pain frais devenu rassis.

– Tu te rends compte, maman, qu'à une baguette près, on aurait pu manger tous les jours du pain frais ? C'était quand, le jour où on a acheté cette putain de baguette en trop qui nous a tous foutus dans la merde ?

– Sers-toi donc au lieu de dire des bêtises...

La maison bien chaude, oui, et le bruit léger de ses pas dans la cuisine.

Le lendemain de son enterrement, je retourne au Tricasse, derrière le comptoir. J'ai bien l'intuition qu'une catastrophe est survenue dans ma vie, une catastrophe monumentale, sans précédent, mais curieusement ça va, elle ne m'atteint pas. Ou plutôt, c'est comme si je m'étais dédoublé, décalqué. Le calque fonctionne parfaitement, mais en revanche je suis sans nouvelles du modèle original. Pour les clients, ça ne pose pas trop de problèmes, il me semble qu'ils n'ont pas conscience de s'adresser à un calque. Sauf certains qui me connaissent depuis longtemps et qui me regardent un peu de travers.

– Ça va, Jean-Marie ? C'est pas trop dur ?

– Ben comme tu vois, ça roule, personne ne se plaint... Qu'est-ce que j'te sers ?

C'est pour moi que c'est le plus étrange. Je me sens comme anesthésié. On dirait que tout mon être est devenu insensible, comme si ma mémoire, mon cœur, mes centres nerveux, toutes ces ramifications compliquées qui nous distinguent finalement d'une brique, ou d'un tronc d'arbre, étaient restés dans mon original. Je ne suis plus qu'un type transparent, qui fonctionne, mais qui ne ressent plus rien.

Je me lève à 9 heures, j'arrive au bar à 10 h 30 pour faire ma cave, et ensuite jusqu'à 3 heures du matin je reste debout derrière mon comptoir à servir les clients, à rigoler, à déconner, à veiller à ce que personne ne manque de rien, à ce que chacun soit content. Quand je rentre me coucher, je ne pense à rien. Quand je me réveille non plus. Il m'arrive de croiser mon père, de m'entendre lui parler comme si j'étais devenu une machine, un robot. Ça me trouble un peu, parce que ça me rappelle vaguement que j'ai dû perdre un truc en route, mais très vite je redeviens transparent, et d'une certaine façon ça me soulage.

Pendant six mois je m'en sors comme ça. Et soudain le calque ne tient plus la route, il se met à vaciller, à se déliter, comme si l'autre, le vrai, surgissant du noir, lui broyait les entrailles. L'autre, c'est moi, et je me fais alors l'effet d'être une bête féroce tellement je souffre. Une bête saignée à mort, surgissant de la nuit, et se mettant à rugir, à hurler, à sangloter.

Comment te dire ? Je ne pense pas qu'à ce moment-là il ait pu y avoir sur la terre une seule personne qui ait plus de chagrin que moi. Je ne pense pas que ça soit possible.

Sans doute est-ce que ce chagrin m'aurait tué si je l'avais accepté le jour où nous avons enterré maman. Sans doute est-ce que je me suis sauvé en me dédoublant, en m'anesthésiant. Mais la douleur est encore si violente après ces six mois que je crois véritablement mourir. Je tombe malade, je passe mes jours et mes nuits à pleurer... Je me noie. Et comme en France on ne laisse pas les gens se noyer, les médecins me bourrent de médicaments. C'est encore une autre façon d'échapper à la réalité.

Je peux reprendre mon poste au Tricasse où l'on tient à moi, je le découvre. Il paraît que depuis mon arrivée le bar ne désemplit plus. À moi tout seul je fais tourner la baraque, je suis efficace et rapide. Mais surtout, je fais rire les clients. Ça faisait longtemps qu'on ne m'avait pas complimenté pour mon travail, peut-être bien depuis l'épisode de mon fameux résumé dans la classe de M. Jouvency. Pour l'ambiance, il semble que je sois imbattable. Comment est-ce possible, alors que j'ai le sentiment d'errer dans un paysage en ruine lorsque je rentre tout seul me coucher au milieu de la nuit ? Comment est-ce que je fais pour passer avec autant de facilité du rire aux larmes ?

Au milieu de l'hiver, je décide de quitter la maison pour vivre seul dans un studio. J'ai 20 ans, peut-être 21. Jean-Pierre et mes deux sœurs sont partis depuis longtemps, mon père et moi continuons de partager le même toit, sans faire une famille pour autant. La clé de voûte de la famille, c'était maman. Sans elle, nous avons l'air de deux rescapés, deux réfugiés d'un bombardement cherchant leurs marques dans une maison qui ne serait pas la leur. Et puis il arrive à mon père de rentrer certains soirs accompagné d'une femme que je m'arrange pour ne pas croiser, et je me sens de moins en moins à ma place.

Une année seulement s'est écoulée depuis la mort de maman quand survient le second drame : l'assassinat de papa. En septembre, ou du moins au début de l'automne.

Un matin, on sonne à l'interphone de mon immeuble. Je suis en train de prendre un café :

– Ouais, qu'est-ce que c'est ?

– Jean-Marie...

Je reconnais la voix de Martine.

– Ben qu'est-ce qui t'arrive ?

– Papa il est mort, Jean-Marie... Il a pris un coup de fusil.

– Papa... Attends, je descends.

Je me souviens de ce que j'ai pensé en dévalant l'escalier. J'ai pensé que notre père s'était tiré une balle dans la tête. Qu'il s'était suicidé. À cause de cette expression : « Il a pris un coup de fusil », comme on prend un médicament. Et cette idée m'a aussitôt procuré une forme de soulagement, presque de joie. Il est allé retrouver maman, me suis-je dit. Il était trop malheureux, il est parti la rejoindre. J'ai imaginé son bonheur à elle en le voyant débarquer. Et puis je me suis retrouvé en bas et j'ai ouvert la porte sur la rue.

– Comment c'est arrivé ?

– Dans la maison... Quelqu'un qui s'est enfui...

– Quelqu'un ? C'est quelqu'un qui a tué papa ? Mais pourquoi ?

– Je ne sais pas... Je ne sais pas... C'est tellement épouvantable...

Alors non, papa ne s'est pas donné la mort. Quelqu'un est entré chez nous et l'a assassiné.

Son martyre nous saute au visage tout de suite en entrant dans la maison. Les murs de la cage d'escalier sont maculés de sang. Tout au long de la descente, il a laissé la marque de ses doigts ensanglantés comme s'il cherchait à s'accrocher, à ne pas basculer dans le vide, tout en fuyant son agresseur. Il a rendu son dernier souffle dans le vestibule alors qu'il tentait de quitter la maison par la porte de derrière. C'est là que secouristes et policiers l'ont découvert. Son corps a été emporté quand nous arrivons, mais le sol est encore couvert de sang, et la porte d'entrée aussi, cette porte qu'il n'a plus eu la force d'ouvrir.

L'assassin se livre immédiatement et, très vite, la police est en mesure de nous relater les derniers instants de notre père.

Probablement réveillé par un bruit suspect, il serait sorti de sa chambre en pyjama. Il serait tombé nez à nez avec son meurtrier qui l'aurait aussitôt frappé de plusieurs coups de couteau. Alors il aurait tenté de s'échapper en descendant l'escalier, harcelé par cet homme qui l'aurait encore poignardé à plusieurs reprises. Arrivé dans le vestibule, et tandis qu'il s'accrochait à la porte, il aurait été rattrapé et jeté au sol face contre terre. L'homme l'aurait alors achevé d'un coup de carabine dans la nuque.

Qui est-il cet homme ? Et pourquoi a-t-il tué notre père ? Et pourquoi avec une telle sauvagerie ? On le découvre très vite. C'est un bûcheron des Ardennes. Il a longtemps vécu avec cette femme qui partageait depuis quelque temps la vie de papa. D'ailleurs, papa nous avait demandé la permission d'engager cette relation, et je crois que tous les quatre nous lui avions répondu à peu près la même chose : « Mais bien sûr. Si ça peut illuminer un peu ta vie, fais-le. » Jaloux et malheureux, le bûcheron l'avait appelé à plusieurs reprises pour le menacer. « Je vais venir et je vais te tuer », lui répétait-il. Notre père répondait que cette femme était libre de faire ce qu'elle voulait, qu'il ne la retenait pas prisonnière. Puis, comme les menaces s'étaient poursuivies, il avait fini par prendre un chien. Mais une bête gentille, plutôt craintive.

Au fil de l'instruction, nous découvrons que c'est la femme elle-même qui a introduit l'assassin dans la maison, la nuit du drame. Nous apprenons qu'elle a pris soin auparavant d'enfermer le chien dans la cave. En somme, il nous apparaît assez clairement qu'elle a été la complice de son ex-compagnon. Cela mériterait des explications, mais de façon incompréhensible les magistrats refusent de l'inquiéter. Quand nous nous en étonnerons, quelques semaines avant l'ouverture du procès, le juge d'instruction, ou le substitut, nous fera cette réponse qui donne une drôle d'idée de la justice : « On a un mort, on a un assassin qui reconnaît les faits, ne compliquez pas les choses. »

Devant les assises, l'homme est effondré. Il n'a jamais tué personne auparavant, jamais fait couler une goutte de sang. Comment refuser son pardon à un type qui voudrait tellement te rendre ce qu'il t'a pris, mais qui n'a plus que ses yeux pour pleurer ? L'idée de vengeance me fait horreur, je ne veux pas mourir gangrené par la haine, je veux survivre à ce chagrin, je veux tourner la page. Tout son être réclame mon pardon pour alléger son fardeau ? Je le lui donne sincèrement, de tout mon cœur, et à ce moment-là seulement je réalise combien ce pardon allège aussi mon propre fardeau.

Chapitre 3

Je me prends l'assassinat de papa comme un deuxième tsunami alors que je tentais de survivre à la disparition de maman. Durant les semaines et les mois qui suivent, il m'arrive de me mettre subitement à courir comme si j'avais la certitude d'une menace imminente. Comme si le sol allait se dérober sous moi et la terre m'engloutir. Les bruits de la rue me font sursauter, certains regards, certains visages me font frissonner. Je me surprends un jour à me cacher dans l'encoignure d'un immeuble, les jambes tremblantes. Je suis continuellement hanté par une angoisse impalpable. Parfois, je grimpe chez moi comme un forcené, hors d'haleine, et aussitôt la porte refermée je m'effondre en sanglots.

Comme si le monde autour de moi, ce monde à travers lequel je me promenais dix-huit mois plus tôt avec tellement de légèreté et de désirs, tellement de bonheur, m'était devenu ennemi.

Maintenant, la sonnerie du téléphone m'arrête le cœur. Je me dis chaque fois c'est mon frère, c'est ma sœur, je ne vois plus aucune raison pour qu'on ne meure pas tous, les uns après les autres. Je ne vois plus aucune raison pour que la mort ne continue pas à faucher tous ceux que j'aime le plus au monde, puisqu'elle m'a déjà pris les deux êtres les plus précieux.

Comment est-ce que je traverse les deux années qui suivent ? Etranger à moi-même. D'une certaine façon, je n'existe plus. Je veux dire que mon âme n'existe plus. Mon corps continue de s'activer, lui, bourré d'antidépresseurs, mais je ne touche plus une fille, je ne vois plus passer les saisons, je ne rêve plus avec le Grand Meaulnes d'un « domaine mystérieux », d'ailleurs je ne rêve plus de rien du tout ni de personne. Il me semble qu'à l'intérieur de moi la vie s'est brutalement figée en une masse sombre et froide, caverneuse, qui n'héberge plus qu'une bête venimeuse et cruelle, mon angoisse, dont les médicaments m'aident à oublier les convulsions.

Je crois que je survis grâce au Tricasse en semaine, et au handball le week-end. Le Tricasse m'occupe dix-huit heures par jour, et lorsque je suis derrière le bar il faudrait être le Dr Freud pour deviner mon désespoir. La profondeur de mon désespoir. Je suis un autre homme. Aucun client ne peut ignorer le malheur qui me frappe puisque tous les journaux en ont parlé, largement parlé même, et cependant je réussis à trouver les mots pour faire rire de mon chagrin.

– Comment ça va, Jean-Marie ? Tu tiens le coup ?

– J'ai pas trop le temps de penser à moi si tu veux savoir.

– Me dis pas que tu mates plus les gonzesses !

– Tu veux que je te dise un truc ? Eh ben, ça m'a sérieusement coupé la bite.

En réalité, je suis une nouvelle fois en train de me sauver en faisant le clown. « Gardez-moi, ne me jetez pas, regardez comme je suis drôle. » C'est mon plus vieux coup, celui qui a conquis mes parents, celui qui m'a fait aimer de tous mes copains d'école, celui qui m'a permis de séduire les filles. Là, tout seul derrière mon bar, je continue de faire rire pour ne pas pleurer, pour qu'on m'aime. Et sans en avoir clairement conscience, j'apprends mon futur métier de comédien. Si tu regardes bien, c'est comme au spectacle : l'artiste d'un côté, le public de l'autre. Au Tricasse, non seulement je suis en scène, mais je suis déjà *seul* en scène. Ça n'est pas si clair dans mon esprit, il me faudra des années avant de me formuler la chose de façon aussi lumineuse, mais ma vérité profonde est bien là. Ce qui me trouble, simplement, c'est ma facilité à me dépasser, à me transcender, dès l'instant où je me tiens derrière mon bar. Comme si j'oubliais toute la tristesse qui me plombe pour le bonheur éphémère d'être le boute-en-train, le gars que tu aimes bien parce qu'il a toujours le mot pour te faire marrer.

D'ailleurs, les clients abondent. Comme on dit dans ce métier, le pastis, il est le même partout, la seule chose qui change, c'est la gueule du mec qui te le sert. Et moi, ma gueule fait un tabac parmi tous les buveurs confondus. Jamais les recettes du Tricasse n'ont été aussi florissantes, de sorte que les brasseurs commencent à me contacter discrètement.

– Toi, mon bonhomme, t'es fait pour ce métier, me disent-ils. Alors, le jour où t'auras envie d'être ton patron, tu nous le dis et on t'achète un bar. Où tu veux, même en centre-ville. Au train où vont les affaires, on n'a pas d'inquiétude, tu nous le rembourseras très vite.

– Merci, mais je ne suis pas certain de vouloir faire ça toute ma vie.

– Eh ben tu revendras. En attendant, on sait que ça tournera, et sans embrouilles. C'est ça qui compte, non ?

Qui aurait pu penser que l'homme sûrement le plus triste de toute la ville de Troyes, au milieu de ces années 1970, deviendrait la coqueluche des marchands d'ivresse ?

Je devais prendre ma retraite à 18 ans, et je suis à 22 ans un mec qui travaille plus de cent heures par semaine. Grâce à maman. Si elle n'était pas tombée malade, si je n'avais pas voulu lui faire ce cadeau de me mettre à bosser, jamais je ne me serais présenté au Tricasse. La mort de maman, c'est la naissance de ma vie professionnelle. Depuis, je n'ai plus jamais cessé de travailler. Plus jamais cessé de courir.

J'allais écrire qu'en mourant maman m'a donné l'opportunité de devenir adulte. Ce sont mes mots d'aujourd'hui, ceux d'un homme de 53 ans qui essaie pour la première fois de se retourner sur sa vie sans se remettre à pleurer, à trembler. Sans céder au vertige. Mais en fait d'opportunité, l'image qui me vient plutôt à l'esprit est celle de la naissance du bébé girafe. Les girafes ne s'allongent pas pour accoucher, elles mettent au monde leur petit en position debout, de sorte que le girafon débarque dans la vie en se cassant la gueule de près de deux mètres de haut. Bienvenue au club, petit ! Certains sont tués sur le coup, d'autres s'en sortent avec une bosse sur la tête. Eh bien, c'est un peu ce qui m'est arrivé. Je suis venu au monde adulte en tombant de haut. De très haut. Si je n'avais pas fait cette chute, et pris ce coup monumental sur le crâne, je serais peut-être toujours à Troyes en train de bricoler des bagnoles sur un coin de trottoir. Ou pompiste, tiens, comme me le prédisait mon frère.

Jean-Pierre, Anne-Marie, Martine... Brusquement, on ne se voit plus. On préfère se perdre de vue. Ces deux morts, à une année d'intervalle, c'est bien trop de souffrance. Quand par hasard on se rencontre, on se regarde les chaussures, on évite soigneusement de croiser les yeux de l'autre pour ne pas éclater en larmes, là, comme des cons, au coin de la rue. À quand remonte la dernière fois qu'on s'est pris dans les bras ? Je crois que c'était au cimetière, pour maman. Pour papa, déjà, on ne se touchait plus. Comme si se toucher, s'embrasser, c'était risquer de se remémorer combien on était heureux, tous les six, sous le même toit. Combien on s'aimait. Ce temps-là a été trop radicalement anéanti pour qu'on y retourne. Dans les autres familles, et malgré la mort, il y a sûrement des souvenirs qui demeurent doux et qu'on peut évoquer en souriant, en se regardant les yeux dans les yeux. Mais nos souvenirs à nous sont impossibles. Tout simplement impossibles. Le chagrin inconsolable d'avoir laissé maman partir toute seule, sur ce mensonge. Le martyre de papa, qui fait que seulement son petit nom, *papa*, seulement son petit nom on ne peut plus le prononcer sans revoir aussitôt les murs de l'escalier, et tout le reste.

On préfère se perdre de vue, oui. Pour te dire le trou que ça a fait dans la terre, ces deux bombes atomiques qui se sont abattues sur nous coup sur coup. Pour te dire. Trente ans se sont écoulés depuis, mais on continue à éviter soigneusement de se retrouver en tête à tête. Moins on se voit, mieux on se porte. La douleur est intacte, comme enfermée dans un sarcophage que nous maintenons à peu près hermétique grâce à notre silence. Après avoir joué à la dînette quand on était petits, on joue aujourd'hui aux frères et sœurs. On fait comme si on était encore une vraie famille, tandis qu'on est quatre grands brûlés en réalité, quatre grands brûlés dans nos bandelettes, terrifiés à l'idée qu'on pourrait s'arracher un bout de pansement sans l'avoir voulu.

Alors on se téléphone, c'est ce qu'il y a de moins risqué.

– Comment tu vas ma p'tite sœur ?

– Ah, Jean-Marie. Ça me fait plaisir d'entendre ta voix.

– Ben ouais, ça fait longtemps que je voulais t'appeler. Tu sais que je t'aime, hein ? Tu te souviens que je t'aime ?

– Ne te fais pas de souci pour ça. Moi aussi, je t'aime.

– Je ne sais pas trop comment tu vis, mais si tu as un problème quelconque, hein, surtout n'hésite pas, je suis là. Dis-moi que tu vas t'en rappeler.

– Je ne l'ai jamais oublié, Jean-Marie.

– Ah bon. Ben promets-moi quand même de m'appeler si un jour t'es dans la merde. Tu sais, je suis riche maintenant, je peux beaucoup, je peux presque tout. Et toi, t'es ma p'tite sœur. D'accord ?

C'est durant ce long deuil que je me découvre plein de tendresse pour Jean-Pierre. Pour la première fois, lui si solide, je le sens brisé par la douleur, mais il ne laisse rien transparaître, il est aussi secret que je suis extraverti, et sa souffrance muette me touche profondément.

C'est le handball qui me sort du Tricasse. Le handball, et le retour du printemps, après deux ans et demi d'hiver. Un matin, je me surprends à lever le nez vers les tilleuls, à sourire aux bourgeons, à me remplir consciencieusement les poumons comme si je retrouvais l'appétit. Où étaient passées les filles ? Je n'en croisais plus une depuis des mois, et brusquement il n'y a plus moyen de marcher tranquille, à tous les coins de rue elles te sautent dessus.

Avec l'envie soudaine de les déshabiller, de les aimer, revient aussi comme par miracle l'envie de rêver. Pour la première fois depuis bien longtemps je me mets à échafauder des projets. J'ai 24 ans, une petite réputation de handballeur, plusieurs fois par saison la presse locale publie ma photo, pourquoi est-ce que je ne deviendrais pas entraîneur ? L'idée me plaît, j'en parle ici et là le dimanche, autour des matchs, et c'est comme cela qu'émerge petit à petit le projet de devenir professeur d'éducation physique.

Rien n'interdit à un ancien cancre tombé dans la mécanique par désœuvrement, devenu barman par accident, de se reconvertir dans le professorat. Surtout si ses qualités sportives sont reconnues. Le Centre régional d'éducation populaire et de sport (CREPS) accepte donc ma candidature, et je me retrouve pour six mois en formation. Six mois de cours et d'exercices en plein air qui me désintoxiquent du Tricasse et de ses horaires à dormir debout.

À la sortie, je suis maître auxiliaire, remplaçant itinérant, et pour mon premier poste je me retrouve dans un lycée de filles. Je découvre là que je suis un meneur d'hommes, allais-je écrire bêtement, mais je l'écris quand même, tiens, parce que si tu es capable de mener une classe de filles en gymnastique, tu peux me croire, tu mèneras sans problème une classe de garçons. Je parle des filles à partir de la 3e, hein, et jusqu'en terminale. Je ne sais pas si tu savais ça, mais ce sont des années où elles ont leurs règles quatre fois par mois. Si, si, je te jure, et juste le jour de la gym, c'est vraiment pas de pot. Ça veut dire que sur une classe de vingt-huit, si t'en as quinze ou seize au rendez-vous, c'est un beau score. Tu peux même considérer que t'es un peu au-dessus de la moyenne nationale.

Bon, eh bien moi je bats tous les records d'Audimat, comme un avant-goût de mes succès futurs, certains jours je fais même le plein : j'ai les vingt-huit ! C'est pourquoi je peux écrire sans rougir que je suis un meneur d'hommes.

Voilà comment les choses se mettent en place. Elles ont été prévenues de l'arrivée du nouveau professeur en remplacement de Mme Machin, partie en congé maternité. Donc, ce jour-là, elles sont toutes présentes. Tu penses, t'en as pas une qui voudrait rater ça. Toutes présentes à l'appel, sauf les deux qui se pointent juste après l'appel, la clope au bec. Celles-là, si t'as pas compris dans la seconde qu'elles étaient les meneuses, vaut peut-être mieux que tu rentres chez toi tout de suite, ça t'évitera pas mal d'emmerdements. Les meneuses, c'est le premier truc à régler, le *préalable*, si tu ne veux pas qu'elles te bouffent la santé dans les huit jours.

Alors moi :

– Bonjour les filles ! Comment tu t'appelles, toi ? Virginie. Ah, très bien, très bien. Et toi ? Sarah. OK. Ben, vous savez pas ce que vous allez faire, Virginie et Sarah ? Vous allez vous installer toutes les deux tranquillement dans mon bureau. Y'a des clopes dans mon blouson, vous vous servez, vous faites exactement comme chez vous. Nous, on fume pas pendant les heures de cours, alors pendant que vous vous détendez, on va aller se mettre au vert un petit peu. Ça va aller comme ça ?

– Ben...

– Non, non, c'est pas la peine de déballer vos tenues de sport, vous pouvez les laisser là, personne va venir vous les piquer.

Et j'emmène les vingt-six autres. Je leur fais un cours de gym comme elles n'en ont peut-être jamais eu. Parce que je suis dans l'enthousiasme de la nouveauté, parce que je veux les séduire, les faire rire, et en même temps qu'elles se découvrent capables de faire des trucs qui les valorisent.

Au retour, je les ai toutes dans la poche.

– Putain, le nouveau prof de gym, il est génial !

– Vous auriez dû venir, Virginie et Sarah...

– En plus, on s'est marrées comme des baleines !

Anéanties, les meneuses. La semaine suivante, non seulement elles sont avec nous, mais elles ramassent les ballons perdus pour se faire bien voir.

Du coup, je réussis à initier ma classe au lancer du poids, qui figure en tête du top 50 des remèdes contre l'amour. Il y a deux trucs que détestent les filles : le lancer du poids, parce que généralement elles ont le sentiment de s'y ridiculiser, et la piscine, parce qu'elles n'aiment pas montrer leurs formes. Eh bien j'en fais des lanceuses et des nageuses, dans la joie et la bonne humeur. Et je leur apprends à courir, à devenir des acrobates, à tomber en arrière... Combien y en a-t-il, parmi vous, qui savent tomber en arrière ? Quand tu sais faire ça, tu n'as qu'une envie, c'est de le montrer à ton petit copain. Tu grimpes sur un cheval d'arçon, tu arrondis bien le dos, tu rentres bien la tête, et tu te laisses tomber dans le vide. C'est très impressionnant, très spectaculaire. Au début, tu ne peux pas t'empêcher de mettre les mains, de hurler. Il faut vaincre sa propre appréhension, c'est une grande victoire sur soi-même, mais quand tu as réussi, tu peux être fier.

Chez les garçons aussi tu tombes parfois sur de sacrées têtes. Un jour, je débarque dans une 6e, a priori les 6e c'est moins fatigant. La classe m'attend dans la cour, un peu en vrac. Je dis : « Asseyez-vous, je vais me présenter et vous expliquer un peu le programme. » Tous les gamins s'assoient, sauf un, qui reste debout, un peu en retrait de moi. Bon, je commence mon petit topo, et puis j'entends soudain le gosse se racler la gorge, et schaltttt ! je vois un glaviot s'écraser à cinquante centimètres de ma chaussure. Je n'ai pas le petit dur dans mon champ de vision, mais je peux lire aussitôt l'excitation dans les yeux de tous les autres. Comme s'ils me tendaient un miroir. Je continue de parler et de sourire, exactement comme si je n'avais rien remarqué, si bien qu'après un moment je devine ce qu'ils pensent, tous : « Le nouveau, c'est un vrai blaireau, il n'a rien remarqué, on va se fendre la gueule comme jamais. » Tombe un deuxième glaviot, à dix centimètres de ma chaussure. Alors, sans cesser de sourire, je me retourne, m'approche du gamin, et lui balance un coup de savate dans les fesses, mais pas un petit coup, un shoot de rugbyman qui le fait décoller de vingt centimètres.

– Tu t'appelles comment ?

– Richard, m'sieur.

– Bon, ben Richard faut pas cracher comme ça, surtout dans mon dos. C'est pas joli. Maintenant viens t'asseoir avec nous, sois le bienvenu, Richard.

Le sourire des vingt-sept autres ! Ils étaient sous son influence cinq minutes plus tôt, ils se sentent d'un seul coup libérés. Comme si on avait tourné la page pour inventer autre chose.

Ce Richard, c'est l'un des plus éprouvants souvenirs de ma vie de prof. Un enfant battu par ses parents, sans cesse humilié chez lui, et que j'ai bien mis six mois à apprivoiser. À chaque séance de javelot avec ce gamin, je frôlais la crise cardiaque. Un jour, en allant au terrain de foot, il grimpe sur la balustrade du pont que nous empruntons, fait plusieurs mètres en équilibre au-dessus du vide, et finit par tomber... du bon côté ! J'ai eu tellement peur, je suis dans un tel état de nerfs, que je le secoue jusqu'à mettre ses vêtements en pièces. Mais il m'arrive aussi de le serrer dans mes bras avec une vraie tendresse en m'écriant : « Tu sais que tu vas me faire devenir chèvre, mon Richard ? Tu le sais, ça ? » et de le sentir s'agripper à moi comme s'il me prenait un instant pour son papa.

Pendant près de trois ans, je pense avoir été, sans fausse modestie, l'un des meilleurs profs de gym de l'Education nationale. Totalement investi dans mon truc, constamment enthousiaste, et ne lâchant rien, ni sur le programme ni sur la discipline. Je me rappelle la surprise de certains de mes collègues, restés des amis aujourd'hui : « Comment tu fais pour avoir tous les matins une pêche pareille, Jean-Marie ? » Ce que je ne mesurais pas, c'est à quelle allure je m'usais. Dans aucun métier tu ne te donnes à ce rythme : tout remettre en place à chaque heure de cours – l'autorité, l'enthousiasme, l'entrain... Relever le même défi cinq ou six fois par jour.

Sans que tu en aies clairement conscience, les gosses finissent par te laminer comme la mer les galets. Et un jour, tu te mets à les regarder différemment, comme s'ils ne faisaient plus complètement partie de ta vie. Ils font la moue en te voyant venir et, ce jour-là, au lieu de les tirer vers le haut avec un beau sourire et deux ou trois vannes, eh bien tu t'entends leur dire : « OK, faites deux équipes, prenez un ballon et allez jouer. » Est-ce que je l'ai dit ? J'ai été tenté de le faire en tout cas, et cela a suffi pour me persuader que j'avais fait mon temps comme moniteur d'éducation physique.

C'est à peu près à cette époque qu'un type que j'ai connu au Tricasse me contacte. Il veut monter une discothèque et cherche un barman qui soit en même temps drôle, efficace et fiable. Tout moi, quoi ! « Toi, tu as de l'or dans les mains », m'avait-il dit un jour en me regardant faire au Tricasse. J'ai 27 ans, je suis sans doute le barman le plus coté de Troyes, et, désormais, j'ai la réputation de bien me débrouiller avec les jeunes. « Si la boîte fait un succès, me dit le gars, je la revends dans quelques années et tu auras 30 %. Ça te tente ? » Pourquoi pas ?

Après quelques jours de réflexion, j'accepte, quitte l'Education nationale et me retrouve bientôt LE barman du Bleu marine, dans les faubourgs de Troyes.

Une discothèque, c'est comme une classe, il faut très vite donner les règles, imposer son style et son autorité. Dès la première semaine d'ouverture, je me retrouve confronté à des choix qui risquent d'engager notre avenir. Six ou sept *locomotives*, des mecs branchés capables de dépenser plusieurs bouteilles de whisky dans la nuit, vampirisent les lieux. En quelques soirs, ils nous pourrissent l'ambiance, regardant de haut les petits jeunes qui n'ont que leur ticket pour boire une consommation, occupant le terrain comme s'ils étaient chez eux. J'en parle avec le propriétaire, et nous décidons très vite d'intervenir. Notre intention, au départ, n'est pas de les virer, mais plutôt de leur faire un peu la morale. Finalement, l'explication tourne au vinaigre, et ils s'en vont en nous prédisant une catastrophe : « Si on ne vient plus dans votre boîte, vous êtes morts les gars ! »

C'est tout le contraire qui se passe. La nouvelle de leur départ se répand et notre attitude rassure les parents. Il se dit que le Bleu marine est tenu par des types qui ne font pas n'importe quoi, qui veillent à ce que les jeunes soient protégés, à ce que l'ambiance ne dérape pas. Si je ne le savais pas déjà, je m'apercevrais là que je suis le digne fils de Gisèle et Marcel, intraitable sur la morale, sur le respect des autres et des règles, en dépit d'un parcours professionnel qui zigzague sérieusement. Beaucoup de parents ont la même phrase au moment de déposer leurs enfants : « On vous les confie parce qu'on sait qu'avec vous ils sont en sécurité. »

Jamais je n'aurais pensé que ça serait plus fatigant encore que le Tricasse. Je fais moitié moins d'heures, mais je découvre la réalité du travail de nuit. Quand tu démarres à 22 heures et que tu te couches à 6 heures du matin, tu deviens très vite l'ombre de toi-même, un zombie, un fantôme.

C'est pourtant durant ces mois au Bleu marine que je fais mes premiers pas sur les planches. Un jour, un copain me propose de l'accompagner à l'Atelier T, un petit théâtre du centre-ville où il s'amuse à monter des spectacles avec quelques potes. J'entre à l'Atelier T, et immédiatement je m'y sens bien. Je fais la connaissance, parmi d'autres gars, de Jean-Christophe Le Texier, qui prendra bientôt le nom de Tex, et nous commençons à bricoler entre nous des petits sketches. Avec mon copain, Gégé, nous créons la « chorale des gros chanteurs à la gueule de bois », et puis les « chœurs de l'armée du rouge ». De tout cela naîtront nos premiers spectaclcs. Nous jouons un soir dans une petite salle municipale, et un autre soir au Tricasse, mon ancien café, où nous faisons un vrai succès. Avec Gégé et la chorale, nous donnons une représentation unique au Bleu marine qui nous vaut une ovation. « Tiens, je me dis ce soir-là, c'est quand même formidable la scène ! » Mais ça ne va pas plus loin. Je suis encore à cent lieues d'imaginer la place que tiendra bientôt la scène dans ma vie.

Je tiens le coup deux ans et demi au Bleu marine et, quand le propriétaire vient m'annoncer son intention de vendre prochainement, je suis soulagé. Qu'est-ce que je ferai demain ? Je ne sais pas. J'ai bientôt 30 ans, et toujours aucun plan de carrière en prévision.

C'est alors que survient une série d'événements qui vont profondément me bouleverser, et dont je peux dire aujourd'hui qu'ils ont provoqué dans ma vie un tournant comparable à celui qu'avaient entraîné la maladie de maman, puis sa disparition.

De l'époque des tractions avant, j'ai conservé mes vieux copains, Néné, Dominique et Craco. Ces trois-là sont ma famille, mes frangins. Ça fait dix ans qu'on se connaît et qu'on met la vie en pièces détachées, comme on le faisait avec les tractions, en se demandant ce qui peut bien clocher. Dix ans qu'on résiste à l'embauche en usine qui nous était promise. Dix ans qu'on ne passe pas un jour sans se téléphoner, pas une semaine sans se retrouver au moins une fois dans la grande baraque d'un autre pote, Gégé, à Buchères, un gros bourg des environs de Troyes. Cette maison de Buchères, c'est notre quartier général, il y a toujours à boire dans la cave, et un grand jardin pour festoyer dehors aux beaux jours.

Un soir, peut-être vers 20 heures, le téléphone sonne chez moi. Je suis en train de prendre un café en prévision de ma longue nuit au Bleu marine.

– Jean-Marie ?

– Ouais.

– J'ai une sale nouvelle, Jean-Marie... Craco est mort.

– Oh putain, non ! Craco ! Mon Craco !

– Il a fait une crise cardiaque, on n'a pas pu le récupérer...

La mort de Craco me replonge brutalement dans les mois de cauchemar qui avaient suivi l'anéantissement des miens. Pendant longtemps, je n'avais plus pu entendre la sonnerie du téléphone sans me mettre à trembler. Nous allions tous mourir, j'en étais persuadé. Et puis non, après papa, la Faucheuse avait semblé nous oublier. Mais moi je ne l'avais pas oubliée. Je ne traversais plus un jour sans éprouver, à un moment ou à un autre, son souffle froid sur mon épaule. Cependant, je vivais, je saisissais tout ce qui passait à ma portée, je courais vers la lumière, en évitant soigneusement de me retourner.

Ce soir-là, matraqué, je passe deux heures chez moi à me taper la tête contre les murs, à me demander où donc est la justice dans ce monde. Craco emporté à 29 ans, maman à la cinquantaine... Est-ce qu'il y a là-haut quelqu'un qui dirige, ou la vie n'est-elle qu'une immense roulette qu'un dieu ivre et cynique relance inlassablement pour passer le temps ? Je me sens plein de colère et de sanglots. Je bois, je fume, et peu avant 22 heures, ivre de chagrin, je quitte précipitamment mon petit appartement pour filer ouvrir les portes du Bleu marine. Bien plus tard, après la catastrophe, il me reviendra que j'ai dû oublier ma cigarette allumée au bord d'un cendrier posé sur ma banquette en velours.

À quelle heure est-ce que le téléphone sonne de nouveau ? Minuit peut-être. Je suis dans les vapeurs d'alcool et le rythme sourd de la discothèque, comme anesthésié.

– Oui, dis-je, qu'est-ce que c'est ?

– Jean-Marie ?

– C'est moi. Parle plus fort, j'entends rien.

– Bon Dieu, ton appartement est en feu !

– Si c'est une bonne blague, merci, j'ai eu mon compte pour cette nuit.

– C'est pas une blague, les pompiers sont là, ça pète de partout. Ramène-toi vite, putain, les flammes sortent par les fenêtres !

C'est un spectacle hallucinant qui m'attend au milieu de la nuit. Cet ancien hôtel particulier où j'avais trouvé un appartement à l'étage le plus élevé semble sortir d'un bombardement. Les pompiers sont à peu près venus à bout du feu, mais de mon deux pièces il ne reste plus que quatre pans de mur noircis dressés dans la lumière crue des projecteurs. Deux lances continuent à déverser des tonnes d'eau dans ce qui était encore ma maison trois heures plus tôt. Ma maison...

Combien de temps est-ce que je reste là, abasourdi, hébété, à contempler ce désastre ? Il me semble que pour la première fois peut-être j'entrevois qu'il y a un Dieu, là-haut. Non pas celui que je viens d'évoquer, vieillard cynique et désabusé affalé devant sa roulette, mais un véritable Dieu, tout-puissant, incontestable, veillant à la destinée de chacun et ne laissant rien au hasard. Comment pourrait-il en être autrement alors que tout ce qui m'arrive, je commence très lentement à le comprendre, tend à me signifier le même message ? Je veux dire à m'arracher aux miens et à cette ville. Je veux dire à me faire entendre que ma vie n'est pas ici, que c'est une erreur d'y planter mes racines.

Ce Dieu tout-puissant m'a pris mes parents, de la façon la plus violente, la plus radicale qui soit. Peut-il y avoir une vie après la mort dans un lieu aussi profondément entaché de la souffrance et du sang des siens ? Je l'ai cru, ou plutôt je n'ai pas compris le message, je ne suis pas parti, et j'ai entrepris de construire ma propre existence là même où reposent mes parents. Alors Craco est mort, et si j'avais été perspicace, dans la seconde où je l'ai su, j'aurais dû me dire : après mes parents, ce sont donc mes amis qu'on me retire, cet endroit est décidément maudit, je n'y construirai jamais rien. Mais je ne me le suis pas dit immédiatement, et, trois heures plus tard, le feu m'a pris ma maison. Ma maison, et tout ce que je possédais sur la terre. Quel message saurait être plus clair, plus explicite ?

Je ne sais plus dans quel sens toutes ces pensées me viennent à l'esprit, cette nuit-là, tandis qu'un peu à l'écart des pompiers j'observe les cendres de ma vie disparaître sous le déluge. Mais je me rappelle que tout en me répétant machinalement : « Je n'ai plus rien, j'ai tout perdu », comme si j'avais encore du mal à y croire, une autre petite phrase me trotte dans la tête : « Maintenant plus rien ne me retient ici. » Et celle-ci a le pouvoir mystérieux de me réconforter. De sorte que je balance entre un profond désespoir et une sourde excitation, comme si dans un coin reculé de cette scène crépusculaire s'ouvrait par intermittence une porte minuscule me laissant déjà deviner les lumières d'un autre monde.

Chapitre 4

Quand le jour se lève sur ce qu'il reste de ma vie, je suis toujours là, planté sur le même trottoir. J'ai bientôt 30 ans, et je me fais la réflexion que je suis presque aussi nu et démuni qu'au jour de ma naissance. Je ne possède plus que ce que je porte sur moi : mon blouson, mon jean et mes santiags.

Aujourd'hui, quand je me remémore cet événement, j'allais presque écrire ce *commandement*, pour dire à quel point je devine derrière tout cela une volonté qui me dépasse, eh bien je me vois partant aussitôt pour Paris. J'ai tout perdu, plus rien ne me retient à Troyes, alors je grimpe ce matin-là dans ma bagnole et je prends la route de Paris. Je suis un boute-en-train, un type qui a toujours le mot pour rire, ça fait bientôt trente ans qu'on me le répète, je vais donc sonner à la porte du pape des comiques, Philippe Bouvard, et lui dire : « Bonjour monsieur Bouvard. C'est vous que j'ai choisi pour démarrer. Là, sur le fait, vous ne devinez pas votre chance, surtout que je viens d'en prendre un grand coup sur la gueule, mais prenez-moi, et dans quelques mois vous me remercierez. C'est moi qui vous le dis. »

Oui, l'idée de partir aussitôt me traverse l'esprit. L'idée de sonner chez Philippe Bouvard également. À vrai dire, il est mon seul contact à Paris. Contact est peut-être un grand mot pour un homme qui ne me connaît pas, qui n'a jamais entendu parler de Jean-Marie Bigard, c'est vrai, mais moi je le connais par son *Petit Théâtre*, et je sais qu'il lui arrive de donner leur chance à des mecs comme moi qui n'ont que leur bite et leur couteau, et encore, parfois même pas de couteau. Son *Petit Théâtre* est la seule émission que je ne rate jamais, le soir, sur la deuxième chaîne. Toutes ces idées me traversent donc l'esprit, c'est vrai, mais en réalité, si je regarde bien, je ne pars pas dans l'instant pour Paris.

Même complètement saccagée, la vie ne te laisse pas filer comme ça. Le Bleu marine n'est pas encore vendu, j'en suis toujours le barman. Ma maison a brûlé, je dois faire le nécessaire pour que mon assurance rembourse le propriétaire. Quand je prends la route ce matin-là, après une nuit blanche, c'est vers Buchères que je me dirige. Je sais bien que je trouverai là-bas chez mon Gégé, mon vieux copain, un plumard, une douche, et de quoi voir venir. Mais je crois qu'à ce moment-là ma décision est prise : je vais quitter Troyes, je vais tenter de renaître à Paris.

Combien de temps est-ce que je campe à Buchères ? Peut-être six ou neuf mois. Le temps de rompre avec tout ce qui me retient encore à Troyes, et de planter quelques racines fragiles dans cette ville immense, que je découvre petit à petit, et qui me tétanise : Paris.

La vie à Buchères a des allures de carnaval, de feu d'artifice, comme si nous avions tous conscience, parvenus au seuil de nos 30 ans, qu'une époque s'achève et qu'il va nous falloir inventer la suivante. Tous les samedis soir, nous organisons une fête monumentale où se retrouve toute la bande. La maison est grande, les villageois sont les bienvenus, Monsieur le maire en tête. Je crois que d'un bout à l'autre du bourg on nous observe avec sympathie, tout en se demandant sûrement, à la façon des paysans, comment tout cela va-t-il finir. Le vin qui coule à flots, la musique toute la nuit, les farandoles éméchées dans le jardin, et puis les gars qu'on retrouve le lendemain matin allongés sous les arbres, quand ce ne sont pas des couples en petite tenue... On se moque du calendrier. On organise un réveillon de Noël le soir du 14 juillet, avec un sapin illuminé, du faux givre sur les fenêtres, l'obligation de se pointer avec des cadeaux, en manteau et cache-nez alors qu'il fait 32 °C cette nuit-là. On a fait une flambée dans la cheminée, le pâtissier a bien voulu nous livrer des bûches au chocolat, c'est à mourir de rire, à crever de chaud, et la fête se termine à poil dans le jardin sous la lance d'arrosage. Ou alors on fait la journée à l'envers. On attaque le matin par la gniôle du soir et les cacahuètes, et on termine le soir en trempant des croissants dans du café au lait. Toutes les conneries sont bonnes à prendre.

Avec le recul, il me semble que la mort de Craco nous a précipités dans une ivresse un peu désespérée, comme si nous cherchions à échapper au chagrin en nous prouvant à nous-mêmes que nous étions encore capables de transformer la merde en chocolat.

D'ailleurs, c'est en créant notre propre calendrier, à partir de la mort de Craco, que nous instituons la « République ivre de Buchères », en l'an

0,4 mois après J. C. (pour Jacques Chalond, le nom de Craco, et non Jésus-Christ, comme vous venez de le croire une seconde par erreur. Si, si, j'ai bien vu).

La présidente de la République est Chantal D., et comme elle m'a nommé Premier ministre, c'est à moi qu'il appartient de former le gouvernement. Gérard, Gégé, est ministre de l'Intérieur et garde champêtre, Dominique ministre des Lendemains de cuite, Corinne M. secrétaire d'État chargée des relations entre les poissons de mer et les poissons de rivière, Bruno, percepteur des impôts de vin, etc.

Quelques années plus tard, j'enregistrerai un disque avec plusieurs de mes ex-ministres, un disque où Bruno, mon vieux Nono, interprétera une chanson qui nous fiche encore les larmes aux yeux : *Les Adieux à Buchères*.

Le temps ce vieux salaud de sa faux meurtrière
Jusque dans nos cœurs se conduit en faux frère.
Il met nos belles années dans sa noire gibecière,
Nous n'irons plus jamais faire la fête à Buchères.
Elle est bien dépendue la vieille crémaillère,
Elle rouille sous la pluie au verger solitaire.

Nous arrivions joyeux souvent le samedi soir,
Nous y retrouvions des gens sortis d'la préhistoire
Avec seule certitude c'est que nous allions boire.
Certaines réunions frôlaient même la luxure,
On a vu des gens nus autour de la masure,
Il arriva qu'un slip passa sur la clôture...

C'est pendant cette parenthèse qu'est enfin vendu le Bleu marine. Le propriétaire m'avait promis 30 % si je réussissais. J'ai bien réussi, mais lui ne tient pas sa promesse et disparaît. Serais-je revenu sur ma décision de partir si j'avais touché un petit pactole ? Tout se passe, en tout cas, comme si le Dieu tout-puissant, là-haut, préférait ne pas prendre le risque. N'attends rien de Troyes, aucune fleur n'y poussera jamais pour toi, semble-t-il encore une fois me signifier. Et cette dernière déconvenue agit sur moi comme un ultime coup de pied au cul.

Entre-temps, depuis Buchères, j'ai fait plusieurs expéditions à Paris. Et je dois chaque fois prendre sur moi pour ne pas faire demi-tour arrivé au périphérique. Paris me résiste. Je sens bien que personne ne m'y attend, qu'ici on peut très bien se passer de moi. Très très bien. À Troyes, je suis une star, on me connaît par le handball, par le Tricasse, par mes anciens élèves et leurs parents. À Paris, je ne suis plus qu'une petite cacahuète anonyme, et encore, celle que tu bouffes pas, au fond du paquet, parce qu'elle est un peu trop grillée.

Cependant, je m'accroche à cette idée qu'un homme va me repérer, le seul que je connaisse parmi les neuf millions de Parisiens, le seul en qui j'aie confiance : Philippe Bouvard ! C'est son *Petit Théâtre* qui m'a fait penser que, moi aussi, je pouvais avoir ma chance. J'ai bien observé les mecs qui s'y présentent, et je pense pouvoir faire aussi bien, et même plutôt mieux, si tu veux savoir. Quand je le dis comme ça, avec cet aplomb, ça fait bien rigoler les gars, à Buchères.

– Ouais, d'accord, Jean-Marie, mais à ce compte-là, pourquoi on n'irait pas le trouver tous ensemble Bouvard ? Nous aussi on est marrants, non ?

– Eh les mecs, il suffit pas de dire des conneries pour être drôle ! D'accord ?

– Ah ouais, t'aurais pas les chevilles qui enflent un peu, toi ?

Moi, j'ai grandi avec Robert Lamoureux et compris des trucs que je ne saurais même pas leur expliquer. Et puis surtout j'ai cette certitude que je suis un autre homme une fois sur scène. Je l'ai bien vu au Tricasse, derrière mon comptoir, ou encore à l'Atelier T. Je n'ai aucune difficulté à prendre la parole, à me faire entendre, à créer l'ambiance. Il y a des gens qui parlent, personne ne les écoute. Moi, quand j'ouvre la bouche, tout le monde se tait, comme si la salle était aussitôt d'accord pour me suivre. J'ai vu ça, cette espèce de pouvoir un peu mystérieux que j'ai sur les autres, mais comme je n'ai pas encore les mots pour le décrire, je dis seulement : « Il ne suffit pas de dire des conneries pour être drôle. »

On m'a expliqué que pour avoir une petite chance d'être repéré par Bouvard, il fallait se pointer avec un sketch. De retour à Buchères, je me mets donc au boulot. Jean-Christophe Le Texier souhaite lui aussi entrer chez Bouvard. Pourquoi est-ce qu'on ne le jouerait pas ensemble, notre sketch ?

C'est l'époque des ordinateurs qui parlent à bord des voitures. Les constructeurs ont découvert ce truc et il n'y a plus moyen d'être peinard au volant, tu as sans arrêt cette voix de garde-chiourme qui te rappelle que tu n'as pas bouclé ta ceinture, que ta porte est mal fermée ou que tu manques d'huile. On part de l'idée que ça gonfle tout le monde, et on écrit notre sketch là-dessus. Tex fait le conducteur, et moi l'ordinateur de bord. Après quelques jours, c'est au point, vraiment très drôle, largement au niveau du *Petit Théâtre*, de notre point de vue, et nous décidons d'aller le présenter.

Ce sont deux femmes qui nous accueillent. Elles sont chargées de présélectionner les sketches qui seront présentés le lendemain à Philippe Bouvard. On se met rapidement en place, Tex installé sur une chaise, moi assis à ses pieds, à la place du moteur.

– Formidable ! s'écrient-elles. Il faut absolument le montrer à Philippe, revenez demain à la même heure.

Demain ? On n'a pas de fric pour se payer l'hôtel. Cette nuit-là, on dort tous les deux dans la bagnole comme des clodos.

Pas très frais, mais gonflés à mort, on se repointe comme prévu au théâtre. Cette fois, on joue notre tête, mais on est confiants, personne ne résiste à notre humour.

Tex s'adosse à sa chaise, moi je me coule sous le capot, et c'est parti.

– Génial ! Vraiment génial ! s'exclame Bouvard. Bravo les gars ! On l'enregistre demain. Au suivant !

On ne touche plus terre en sortant. Ça y est, c'est gagné, le *Petit Théâtre* nous ouvre ses portes... J'entre dans la première cabine téléphonique pour prévenir mes frère et sœurs. J'ai besoin de partager ça, sinon mon cœur va exploser. Je le dis à Jean-Pierre, à Anne-Marie, à Martine, et puis j'appelle toute la bande de Buchères.

– Écoutez ça, les gars : j'enregistre demain chez Bouvard ! Qu'est-ce que je vous disais ? C'est un truc énorme, je vais passer à la télé, toute la France va me voir.

Le lendemain, c'est l'enregistrement, le grand jour. Pour la première fois, nous allons accéder à la scène. Mais avant, il faut se prêter au jeu des répétitions pour la caméra, les éclairagistes et le son.

C'est pendant la répétition que survient la catastrophe. Philippe Bouvard passe jeter un œil et, soudain, je l'entends dire :

– Celui du dessous, recouvrez-le d'une couverture. On ne doit pas le voir puisqu'il est sous le capot.

– D'accord, monsieur Bouvard.

Et soudain, c'est comme si le soleil se décrochait d'un ciel printanier pour aller s'abîmer dans un océan noir. À l'instant où la couverture s'abat sur ma tête, me plongeant dans le crépuscule, je sais que j'ai cru trop vite au succès, aux *sunlights*. Venant d'où je viens, avec tout ce malheur qui me colle à la peau, bien sûr que je n'allais pas m'élancer comme une fusée légère et scintillante dans le firmament, bien sûr que pour moi ça allait être plus difficile que pour tous les autres. Je crois que j'en ai le pressentiment à ce moment-là, et je peux dire aujourd'hui que mon intuition ne m'a pas trompé.

Quelques jours plus tard, lorsque mon premier sketch est diffusé, je n'existe pas, on ne me voit pas. La France découvre Tex, mais moi rien. S'ils n'avaient pas reconnu ma voix, les gars de Buchères auraient même pu me prendre pour un affabulateur.

Bon, mais désormais j'ai le mode d'emploi, et je me mets fébrilement à écrire des sketches. Si je parviens à séduire une nouvelle fois Bouvard, il me redonnera ma chance. Combien de gags est-ce que j'écris ? Une bonne cinquantaine en trois ou quatre mois, que je viens systématiquement présenter au *Petit Théâtre*.

Les premiers échecs ne me découragent pas, et j'envisage même sérieusement de prendre racine à Paris pour éviter les allers et retours. C'est comme ça que j'atterris chez Geneviève, une amie de l'époque du Tricasse qui travaille chez NAFNAF. Maintenant j'ai une chambre à Paris, une étagère dans le frigo, et un petit carnet dans lequel je consigne toutes les idées de sketches qui me passent par la tête. Quand l'un d'entre eux me paraît au point, je me présente chez Bouvard, le cœur à cent à l'heure et le ventre noué par l'angoisse.

Qu'un seul sketch soit pris, et j'aurais de quoi manger pour au moins deux mois. En attendant, je me nourris de deux œufs et d'une baguette. Dans ma chambre se trouve tout ce que je possède, deux objets retrouvés le surlendemain de l'incendie dans les cendres de mon appartement et dont je ne me sépare plus : la brosse à chaussures qu'utilisait maman, que je conserve comme un trésor, et un tableau, en partie noirci par les flammes, que m'avait offert mon ami Patrick. Sinon, je n'ai qu'une chemise et un jean, de sorte que Bouvard et son équipe me voient toujours habillé de la même façon.

Ça n'émeut pas le patron qui me refuse tous mes sketches. Au début, je pense qu'ils ne sont pas bons, puis petit à petit s'immisce en moi l'idée que Philippe Bouvard ne peut pas me sacquer. D'ailleurs, Tex, que je croise souvent là-bas, me le confirme à sa façon : « Ça serait mieux qu'il ne nous voie pas trop souvent ensemble parce que j'ai l'impression que tu lui files de l'urticaire. » On en rigole, mais à moitié seulement. De fait, Tex démarre, lui, tandis que moi je suis complètement à la ramasse. Jusqu'au coup de grâce, que me donne Bouvard lui-même en me prenant un jour à part :

– Je peux vous parler ?

Mon sang se glace.
– Certainement, oui.
– Vous êtes un bon auteur, Bigard. Alors ce que je peux vous conseiller, c'est d'écrire pour les autres. Mais n'essayez pas de jouer, hein, parce que quand vous parlez, ça fait retomber l'ambiance.

Comment se remet-on d'une telle phrase ? Jamais je n'ai pu l'oublier. Bien des années plus tard, quand le succès sera venu, j'aurai la surprise d'entendre le même Bouvard dire sur un plateau de télévision : « Je n'ai qu'un seul regret dans toute ma carrière, c'est d'avoir loupé Jean-Marie Bigard qui est pour moi, de loin, maintenant, mon comique préféré. » Alors nous nous rapprocherons, jusqu'à devenir les amis que nous sommes aujourd'hui.

Mais sur le coup, et dans la situation où je me trouvais alors, comment se remet-on d'une telle phrase ? L'ambiance retombe quand je parle ? Quand j'essaie de jouer ? Pendant quelques jours, je rumine le verdict sans appel du maître des comiques. Beaucoup de ceux qui se pointent au *Petit Théâtre* sortent du Conservatoire, comme Tex, ou d'une quelconque école de théâtre. De fait, je suis peut-être le seul à prétendre monter sur scène sans avoir jamais rien appris des règles et des principes de la comédie. Eh bien, si c'est ça, je vais tout apprendre seul, en passant par la meilleure école qui soit : le café-théâtre. Il paraît que tous les grands ont démarré au café-théâtre.

Puisque je sais écrire, toujours d'après Bouvard, j'écris mon premier spectacle avec Philippe, un ami. Ce n'est pas vraiment une pièce, plutôt une série de sketches qui s'enchaînent avec plus ou moins de bonheur. C'est d'ailleurs pourquoi j'appelle ça *Pièces détachées*.

Il faut être trois sur scène pour interpréter cette première « œuvre ». J'ai une copine de Troyes, Brigitte Chardin, qui veut bien me donner la réplique. Je trouve sans trop de mal le troisième, Frédéric Darie, enfant de comédiens né sur les planches, et qui se marre comme une baleine en découvrant mon texte.

On essaie de répéter, mais quelque chose ne va pas. Les enchaînements sont mauvais, certaines répliques tombent à plat.

– Je crois que j'ai compris, dis-je, ce qu'il nous manque c'est un metteur en scène.

Et Frédéric :

– Ça tombe bien, mon père est metteur en scène.

Jean Darie lit le synopsis et accepte de monter la pièce. Pour les premières répétitions, on se retrouve tous l'après-midi dans le salon de Geneviève dont on pousse les meubles dans les coins. Jean a bien voulu s'y coller parce que je lui ai dit que je faisais du théâtre depuis un moment déjà, comme son fils.

À la troisième répétition, il crève l'abcès.

– Dis-moi, Jean-Marie, t'es sûr que t'as déjà fait du théâtre ?

– Ben, en fait, non, c'est la première fois.

– Je l'ai vu tout de suite, mais comme tu m'avais dit...

– Si je t'avais pas monté ce bateau, tu serais jamais venu. Pas vrai ?

– C'est bien possible... Mais bon, c'est pas grave, tu vas apprendre.

J'apprends plus ou moins, oui, mais les jours et les semaines passent, et je me demande chaque matin avec quoi je vais bouffer.

Un matin, justement, je me réveille avec la gueule de bois. Geneviève est en train de passer le café.

– J'ai rêvé qu'on m'avait piqué ma bagnole, dis donc.

Alors je vois Geneviève qui se penche par la fenêtre.

– C'est vrai qu'elle n'a plus l'air d'être là...

– Comment ça, elle n'a plus l'air d'être là ?

Eh bien crois-moi si tu peux, on me l'avait vraiment piquée ! Dans la nuit !

Normalement, c'est une tuile de se faire gauler sa voiture, mais pas pour moi, pas à ce moment-là. En faisant le siège de ma compagnie d'assurances, j'obtiens très vite son remboursement, et je me retrouve avec de quoi manger pour un bout de temps.

On m'avait conseillé les castings. J'en ai bien fait deux cents durant mes premières années à Paris. Jamais pris. J'avais complètement renoncé, quand une copine m'embarque avec elle.

– Tu veux pas m'accompagner ? J'ai un casting. Comme ça on pourra papoter dans le métro.

Je l'accompagne. Elle n'est pas prise. Je l'aide à enfiler son manteau pour partir quand le gars revient :

– Par contre, vous, là, vous pourriez peut-être nous intéresser...

– Ah ouais ?

– On a besoin d'un gars avec un profil d'Indien, vous voulez bien me suivre ?

Bingo ! J'avais complètement renoncé au truc, et c'est là qu'on me le donne. On me colle des plumes d'Indien sur la tête, des couettes et un déguisement, et je n'ai qu'à croiser les bras. C'est une publicité pour le fromage Boursault. La voix n'est même pas la mienne, mais juste pour ma gueule on me donne mille francs. Mille balles ! Autant dire quatre semaines d'œufs au plat avec son ballon de rouge et son paquet de clopes.

Enfin, notre pièce est présentable, et j'atterris comme de juste au Point-Virgule, rue Sainte-Croix-de-la-Bretonnerie, l'un des seuls endroits de Paris à recevoir des débutants au milieu des années 1980. Le Point-Virgule, c'est à peine cent mètres carrés en tout, toilettes et billetterie comprises, mais c'est Christian Varini qui t'ouvre ses bras, et d'un seul coup tu te sens moins seul.

On est inconnus, on démarre comme ça, sans une annonce, sans autre soutien que celui de Christian Varini qui fait la régie à lui tout seul. La plupart des soirs, on joue pour dix ou quinze personnes, mais on joue sept jours sur sept, et c'est ça qui est extraordinaire. Ce qui est grave, pour un comédien, c'est de ne pas jouer. Au fond, peu importe le nombre de spectateurs, du moment que chaque soir tu grimpes sur les planches. On ne renonce qu'à moins de sept spectateurs, et, par chance, ça n'arrive pas trop souvent.

À ce régime, on ne gagne pas un sou, mais je crois que je m'en fous complètement. Du jour au lendemain, je me retrouve propulsé au firmament du bonheur. Ça y est, je suis comédien ! Je me lève de bonne humeur, je m'enfile mes deux œufs et ma demi-baguette, et je m'élance dans la vie. J'ai laissé à Troyes une partie de mon âme, de mon chagrin, et je me sens subitement renaître. Quand je repense à ma ville, je suis comme la chèvre de M. Seguin contemplant son enclos du haut de la montagne : « Oh, me dis-je, comme elle était petite, comment ai-je pu tenir là-dedans ? » Je ris tout seul, je n'ai personne à qui penser, je n'ai pas de femme, pas d'enfant, j'ai soudain retrouvé le bonheur et la légèreté de mes 14 ans. « Tu fais quoi ? – Je suis comédien. – Tu joues où ? – Je joue au Point-Virgule. Viens me voir, j'y suis tous les soirs. » Je m'enivre de cette petite musique, de ce miracle. Je suis comédien ! Je suis comédien ! J'ai réussi. Maintenant, il me semble que plus rien de mauvais ne peut m'arriver, je ne touche plus terre, j'ai le cœur à cent à l'heure, je voudrais hurler mon plaisir de vivre et embrasser tous les inconnus que je croise. Toutes les inconnues, plutôt. Alors, bien sûr, Paris se décide enfin à me faire les yeux doux. À toutes celles qui me rendent mon sourire, j'offre des places.

– Tenez, mademoiselle, si vous êtes libre ce soir, venez nous voir au Point-Virgule. Ça s'appelle *Pièces détachées*, on démarre tout juste, on a besoin d'être soutenus...

Et puis une autre chose encore : juste en face du Point-Virgule, j'ai découvert Mme David, la patronne du Rendez-vous des amis. Elle est ma nouvelle maman. Qu'est-ce qu'elle a compris, ou deviné, de l'homme que je suis ? Je ne sais pas. Mais à l'instant où je croise son regard je me sens plus précieux. J'arrive là-bas deux heures avant le spectacle, au moment où tu as besoin d'un peu de réconfort.

– Tiens, prends donc du saucisson et un verre de vin.

– Hé, madame David, j'ai déjà une belle ardoise, je crois...

– Et qu'est-ce que tu veux que ça me fasse ? Mange, y'a pas que l'argent dans la vie !

Sans elle, ces premiers mois euphoriques ne m'auraient sûrement pas laissé cette nostalgie particulière des débuts. D'ailleurs, les soirs où Le Rendez-vous des amis est fermé, je ne mange qu'un Mars avant d'entrer en scène, c'est tout ce que je peux me payer, et ces soirs-là j'ai le cœur moins joyeux.

Par chance, la vie m'a donné l'opportunité de remercier tous ceux qui m'ont aidé à mes débuts. Je n'ai jamais oublié le Point-Virgule, où je suis revenu jouer en 2001, la veille de mon spectacle à Bercy. Et je n'ai jamais oublié Mme David.

Un jour, j'apprends que Le Rendez-vous des amis a partiellement brûlé. Je fonce là-bas, et je trouve Mme David abasourdie. Elle n'était pas bien assurée, elle n'a pas les moyens de faire reconstruire. Alors moi :

– Hé, madame David, tu es comme ma seconde maman, tu crois que je vais te laisser comme ça ? Maintenant c'est mon tour d'être là. Alors tu peux compter sur moi, d'accord ?

C'est à cette époque que j'entends parler des bienfaits de la thérapie, et que je fais la connaissance d'un homme qui va énormément compter dans ma vie future : le Dr Étienne Jalenques. Étienne est thérapeute, donc, et la première fois que je le rencontre, il me dit cette phrase que je n'ai jamais oubliée : « Monsieur Bigard, vous n'avez besoin de rien, tout va bien, vous pouvez fort bien vivre comme ça jusqu'à la fin de vos jours. Mais si vous choisissez d'entreprendre une thérapie, sachez que vous vous ferez le plus beau cadeau de toute votre existence ».

Je décide de me faire ce cadeau, et à partir de ce moment-là je ne vais plus jamais douter de mes propres capacités à réaliser mes rêves, à surmonter les épreuves que la vie met en travers de notre chemin.

Il me semble qu'on joue plus d'une année, comme ça, sans que le spectacle décolle vraiment. Pourquoi ne marche-t-il pas, alors que pris séparément les sketches sont bidonnants ?

Christian Varini est désolé. « Ça ne fonctionne pas, me dit-il au cours d'une réunion, je crois qu'il est inutile d'insister plus. » Mais moi j'ai la conviction que ça peut marcher et, maintenant que j'ai fait mes premières armes, il m'apparaît de plus en plus évident que la mise en scène de Jean Darie est trop classique pour le café-théâtre.

– Si on changeait la mise en scène, tu me donnerais une seconde chance ? dis-je à Christian.

– Pourquoi pas ? Mais alors pas plus d'un mois. Si après un mois ça n'a toujours pas décollé, on arrête.

– OK, Christian, un mois !

Jacques, un ami de Brigitte, accepte de prendre la relève et de remonter la pièce. Maintenant les sketches s'enchaînent beaucoup plus vite, le rythme est soutenu, on ne laisse pas une seconde au public pour reprendre son souffle.

Brigitte reste, Frédéric Darie s'en va vers d'autres aventures et je trouve un comédien pour le remplacer. Cette fois ça y est, nous sommes prêts, et nous avons un mois pour gagner.

Dès les premières représentations, je sens comme un frisson dans la salle. Il n'y a peut-être qu'une vingtaine de spectateurs, mais pas de doute, ils rient différemment, ils sont avec nous, ils se lâchent. Et le bouche à oreille commence à fonctionner. Bientôt, on se fait des moyennes de cinquante à soixante spectateurs par soirée. Plus de problèmes pour payer les annonces dans *Pariscope* et l'*Officiel*. On s'offre même le luxe d'un petit bandeau pour qu'on nous repère plus facilement dans la multitude des spectacles proposés. Ce n'est pas donné, ça nous coûte 2 000 francs par mois, mais on en ramasse 5 000, de sorte qu'il nous reste 3 000 francs par mois à se partager en trois. On gagne 1 000 balles chacun par mois, ce qui permet de survivre dans la bonne humeur (à titre de comparaison, je gagnais six fois plus au Bleu marine).

Avec le succès qui leur sert de vitrine, mes comédiens se tirent les uns après les autres pour jouer dans d'autres spectacles. En deux nouvelles années au Point-Virgule, il doit en défiler une bonne vingtaine, mais moi je m'accroche, je suis le seul à ne pas bouger, c'est mon bébé, cette pièce, je ne veux pas la lâcher.

Ce sont deux années de bonheur absolu. Tous les soirs, après avoir joué, on file au Petit Casino regarder comment se débrouillent les confrères. C'est comme cela que je fais la connaissance de deux amis précieux, Guy Lecluyse et Pascal Sellem. Quand ils sortent de scène à leur tour, on se retrouve tous au Taxi jaune pour dîner et finir la soirée. Quelques années plus tard, Guy et sa femme Chantal seront mes témoins de mariage et mes amis pour la vie.

Alors, qu'est-ce qui me pousse à tenter ma chance ailleurs, tout en soutenant mordicus *Pièces détachées* ? La certitude que je peux faire mieux, je crois. Entre-temps, le *Petit Théâtre de Bouvard* s'est essoufflé, et on parle maintenant de la naissance d'une nouvelle émission qui pourrait à son tour devenir la rampe de lancement des comiques en herbe : *La Classe*, confiée à Fabrice, sur la troisième chaîne.

Je suis de très près l'accouchement de cette émission, dont on dit qu'elle sera diffusée tous les soirs à 20 heures, et qu'elle pourrait démarrer dès le mois de janvier 1987. Et je rêve secrètement d'intégrer l'équipe, ou plutôt la classe. Ça ne serait plus soixante spectateurs par jour qui m'applaudiraient, mais peut-être deux ou trois millions ! Si je parvenais à être vu par deux ou trois millions de personnes, me dis-je, il est évident que toutes les portes s'ouvriraient aussitôt devant moi.

Chapitre 5

Le 8 janvier 1987, je suis invité à participer à l'une des réunions préparatoires de la nouvelle émission de Fabrice. Nous sommes six ou sept comiques à être auditionnés. *La Classe* est en cours de constitution, je ne suis évidemment pas le seul à vouloir y entrer, et de tous les candidats je suis sans doute l'un des moins expérimentés. Je ne me rappelle plus les deux ou trois sketches que je présente ce jour-là, en revanche je suis sur le cul devant le numéro d'un de mes voisins. Je n'ai pas bien compris son nom, sa tête ne me dit rien, mais le sketch qu'il nous lit, intitulé « Bravo les mecs ! », est à hurler de rire, à tomber par terre. En plus, c'est un concept à lui tout seul ce sketch, un concept dont je vois immédiatement qu'il pourrait être décliné de mille façons, et je me dis que ce type est un génie.

À la sortie, je l'aborde.

– Formidable ton truc ! Si t'avais une minute, j'aimerais bien qu'on en parle ensemble.

– Là, ça va être difficile parce que je pars en tournée avec Jean-Paul Belmondo. Non, je déconne. T'es qui toi ?

– Je fais un petit spectacle au Point-Virgule, tu ne veux pas passer un soir ?

– Okay.
– Je m'appelle Jean-Marie Bigard. Et toi ?
– Laurent Baffie.

Le soir du 4 février, je reconnais mon Baffie, dans son Perfecto, assis au premier rang de la salle minuscule du Point-Virgule. Il a mis près d'un mois à se décider, mais il est là. Je joue pour lui ce soir-là. Et à la fin : clap, clap, clap, quand plus personne n'applaudit. Le tueur, quoi !

C'est cette nuit-là qu'on devient amis pour toujours. Le 4 février 1987. Ça n'est pas une date anodine puisque je me marierai quatre ans plus tard, un 4 février également. D'une certaine façon, c'est un mariage que je contracte ce jour-là avec Laurent puisque vingt ans plus tard, au moment où j'écris ce livre, nous sommes toujours liés l'un à l'autre comme les deux doigts de la main. Je n'ai jamais vu autant de talent sous un même crâne, jamais vu personne dégainer à cette allure. À côté de Laurent, on a tous l'air d'omnibus, d'Alzheimer. Je suis fasciné par ce type, son à-propos, sa capacité à rebondir, son inventivité. Pourquoi on ne travaillerait pas ensemble ? C'est moi qui y pense le premier et, après quelque temps, Laurent me dit : « Bon, ben d'accord, on peut toujours essayer. » Il est évident qu'on est fait pour s'entendre. Lui débite les sketches à la vitesse d'une mitraillette, et moi je sais comment les faire passer du papier à la scène. Il donne l'étincelle, et ensuite j'insuffle la vie, je vois toutes les portes secondaires qu'on pourrait ouvrir pour engranger le rire petit à petit, comme le ressac nourrit la vague, la gonfle d'eau, jusqu'à l'ultime moment où elle va venir se fracasser sur la plage et tout emporter sur son passage. Je rêve de salles immenses qui se fracasseraient de rire, jusqu'à balayer la scène.

Oui, mais en attendant, je ne remplis que le Point-Virgule. Et *La Classe* me résiste, exactement comme m'avait résisté le *Petit Théâtre*. Cet hiver 1987, je ne rate pas une audition pour tenter d'être pris. On me reçoit, on me dit vas-y, Bigard, montre-nous ton nouveau sketch. Je me défonce, je donne tout, je fais de mon mieux, et c'est encore non ! Désolé, mon vieux, mais t'y es pas encore...

Tous les types que j'ai croisés aux précédentes auditions sont maintenant dans *La Classe*, je peux les voir tous les soirs de 20 heures à 20 h 30 sur la troisième chaîne. Sauf moi. SAUF MOI ! C'est à hurler, à se taper la tête contre les murs. Pourquoi, mon Dieu ? Pourquoi tu ne veux pas me donner ma chance, alors que si tu regardes bien je suis meilleur qu'eux tous réunis ? Pardon ? Qu'est-ce que tu dis ? Le péché d'orgueil ? Non, ça c'est pas de l'orgueil, c'est de la lucidité. Ose me dire que je ne suis pas drôle ! Que je ne suis pas le meilleur ! Tiens, ça me rappelle le handball. Tu te souviens ? Tous mes copains juniors avaient fini par grimper en équipe première, sauf moi ! Je marquais cinq buts par match dans l'équipe réserve, tout le monde convenait que j'étais le meilleur, mais je suis le dernier à être monté en équipe première. Il a fallu que j'attende qu'un nouvel entraîneur me repère, me donne ma chance, exactement comme M. Jouvency m'avait donné ma chance en CM2. Pourquoi ? Tu peux me dire pourquoi ? C'est ma gueule qui leur revenait pas, aux gars ? Et t'appelle ça de la justice, toi ?

L'hiver s'achève, *La Classe* fait un tabac, on dit que certains soirs son taux d'audience dépasserait celui du grand journal de la deuxième chaîne, et moi je piétine toujours dehors ! Je rate ce train, comme j'ai raté celui du *Petit Théâtre de Bouvard*.

C'est une sensation déchirante, épouvantable, comme si la poisse me collait à la peau, comme si quoi que je fasse mon destin était verrouillé. Toi, semble me dire la vie, te fatigue pas, tu resteras jamais qu'un petit bouseux de Troyes avec la merde au cul. Le sentiment d'injustice est si fort, le sentiment d'échec, aussi, que bientôt je ne parle plus que de cela en thérapie.

Étienne m'écoute. Je gueule comme un veau devant le groupe, je me frappe la poitrine, je hurle, je vais et viens comme une bête en cage :

– Putain, j'ai tout fait pour entrer dans cette émission ! J'ai tout fait ! J'ai écrit cinquante sketches tous plus drôles les uns que les autres. J'ai pas raté une audition. J'ai vu des mecs arriver les doigts dans le nez et être pris alors qu'ils n'étaient même pas drôles. Et moi non ! Moi jamais ! C'est comme au handball, je suis le meilleur et on ne veut pas de moi. J'ai tout fait, qu'est-ce que je peux faire de plus ?

Alors lui, tout doucement :

– Tu vois, dans « j'ai tout fait », y'a « j'étouffais », et on ne prend pas quelqu'un qui étouffe.

– Pardon ? Qu'est-ce que t'as dit, là ?

– Tu crois que tu demandes, Jean-Marie, mais en réalité tu exiges. Tes yeux, ton sourire, ton cœur, tout ton être hurle : « Prenez-moi, bande d'abrutis ! Vous ne voyez pas que je suis le meilleur ? »

– Bande d'enculés, oui !

– Cela s'appelle de la toute-puissance. Et quand tu arrives quelque part en toute-puissance, eh bien même la personne la mieux intentionnée à ton égard a envie de te mettre la porte dans la figure.

– Mais pourquoi ? Puisque je suis le meilleur ! C'est pas le meilleur qu'ils veulent pour leur émission ?

– Ils aimeraient que tu leur laisses la place de choisir, Jean-Marie. Mais toi, tu leur ordonnes de te dire oui. Ils ont bien compris à ton attitude que pas une seconde tu n'as envisagé qu'ils pourraient te dire non. Tu leur ordonnes de te dire oui et, s'ils te le disent, ils n'auront fait que leur devoir à tes yeux. Tu ne leur donnes pas le sentiment qu'ils pourraient te récompenser, te faire plaisir.

– Je me démolis pour eux...

– Si tu veux que ton projet devienne celui de l'autre, il faut lui laisser l'espace pour se l'approprier. C'est entendu, c'est ton bébé, il est le plus beau, mais comment les gens de cette émission pourraient-ils l'aimer, l'adopter, si tu ne les autorises pas à le prendre dans leurs bras ? À te faire ce cadeau de le prendre dans leurs bras ?

Même si je m'en défends, tout ce que me dit Étienne fait mouche. Bien sûr que c'est à prendre ou à laisser. Bien sûr qu'avec cette colère qui ne me quitte plus, je dois leur faire peur. Quelle place est-ce que je leur laisse ? Un mot, et je leur saute à la figure, je les mets en charpie.

– Bon, mais essayons de parler plus sereinement de cette émission, reprend tranquillement Étienne. C'est entendu, tu as très envie de la faire, tu penses qu'elle contribuerait largement à te faire connaître. J'ai bien compris. Peut-on néanmoins envisager l'hypothèse que ta vie pourrait continuer *sans* cette émission ?

– Tu veux dire en continuant à ronger mon frein sans qu'il se passe rien ?

– Non, en regardant ailleurs. En acceptant tout doucement l'idée que tu n'es peut-être pas *obligé* de la faire, cette émission. Qu'il pourrait se présenter dans les mois à venir d'autres opportunités...

Et Étienne m'explique ce jour-là une chose extraordinaire : que pour recevoir, il faut commencer par lâcher. « Tu es agrippé des deux mains à *La Classe*, me dit-il. Tu n'as même pas une main de libre pour recevoir ce qu'on pourrait te donner ailleurs. Lâche, libère-toi, ouvre grand les mains... »

– Sais-tu comment on attrape les petits singes ? me demande-t-il à brûle-pourpoint.

– Non.

– On fait un trou dans une noix de coco, on met à l'intérieur un morceau de banane, et on attache la noix de coco à un pieu avec une chaîne, Le petit singe arrive, il glisse la main dans le trou et attrape le morceau de banane. Alors les chasseurs approchent en tapant des pieds pour l'effrayer. Le petit singe cherche à retirer sa main du trou, mais dans son affolement il garde son poing serré. Il se met à tirer désespérément, sans comprendre ce qu'il lui arrive. Pour retrouver sa liberté, il suffirait qu'il consente à lâcher le morceau de banane, mais il y tient trop, il ne veut pas desserrer son poing, et pour un morceau de banane il va tout perdre, non seulement la possibilité d'attraper des milliers d'autres bananes, mais sa liberté, sa vie.

En quittant la séance, ce soir-là, j'ai enfin compris pourquoi on me dit non. Je suis foudroyé par cette évidence. C'est même le grand événement de ma thérapie. Je me vois encore les yeux exorbités en train de hurler : « Prenez-moi, bordel ! », et maintenant j'ai envie de rire et de pleurer. C'est tellement vrai ce que je viens de découvrir, et c'était tellement con de ma part... Je suis à la fois abattu et profondément heureux. Pour la première fois depuis des mois, je me sens libre et léger. Disponible pour ce que la vie me réserve. Oui, je peux survivre sans *La Classe*. C'est bon, je n'irai pas, je n'irai jamais. Tu entends ça, Jean-Marie ? Tu ne feras *jamais* partie de *La Classe*. Jamais! Le bon Dieu te réserve pour autre chose. Enfin peut-être. Enfin sûrement.

Voilà, je m'y résous. Et tu me croiras ou non, mais à la seconde où je lâche, le téléphone sonne. C'est l'assistante de Guy Lux, le producteur de *La Classe*.

– Ah, Jean-Marie! On parlait de toi cet après-midi. Dis donc, ça fait quelques jours qu'on ne t'a pas vu, non? Ça te dirait de passer demain nous montrer ce sketch qui nous avait fait tellement rire?

– Si ça me dirait? Ben évidemment! Avec plaisir!

– Ça nous fera plaisir aussi, tu sais.

Non, je ne savais pas. Mais ça me remplit d'enthousiasme de l'apprendre. Toute la soirée, je répète ce sketch et les autres. J'en ai bien quarante sous la main, parfaitement au point.

L'audition se passe remarquablement. Je mentirais si je disais que je n'en attends rien, mais désormais le plaisir de jouer l'emporte sur l'enjeu.

Et à la fin, il se passe une chose incroyable. Toute l'équipe se lève et applaudit :

– Bravo Jean-Marie! Cette fois, c'est formidable!

– Je ne sais pas ce que tu as changé, mais tes sketches sont devenus excellents.

– C'est fabuleux le travail que tu as fait!

Je leur dirais bien que ce sont les mêmes vieux sketches dont ils n'ont pas voulu depuis six mois. Que je n'ai pas changé un mot. Mais à quoi bon? Ils ont raison, c'est fabuleux, le travail que j'ai fait. Non pas sur mes sketches, mais sur moi. Grâce à mon psy, grâce à Étienne. Sans rien changer à mes textes, je leur ai donné envie de les aimer, de m'aimer, de me dire oui.

J'ai simplement cessé d'exiger. Et quand tu demandes, on te donne. C'est écrit dans la Bible, d'ailleurs : « Frappe, et on t'ouvrira. » Comme j'exigeais, on ne m'ouvrait pas.

J'intègre *La Classe* à la veille de l'été 1987. C'est encore un tournant dans ma vie. Du jour au lendemain, je me retrouve sous une pression phénoménale. *La Classe*, c'est deux jours d'enregistrement par semaine, à raison de quatre sketches chaque fois. C'est huit sketches originaux par semaine. Autant dire que tu n'as plus trop le temps de glander.

Cet été-là, mon Lolo (Laurent Baffie) et moi, nous le passons à gratter comme des dingues au bord de la piscine de Saint-Ouen. C'est le seul endroit à peu près frais qu'on ait réussi à trouver dans toute l'Île-de-France, et dans nos moyens (merci la municipalité communiste). On y est du matin au soir, avec nos blocs-notes et nos crayons. Les bons jours, on en repart avec deux sketches bien rodés, sinon on remet ça le soir chez l'un ou l'autre.

C'est la grande époque des fameux briefings, tous inspirés de l'inoubliable « Bravo les mecs ! » créé par Laurent. Combien de briefings a-t-on écrits et mis en scène tous les deux ? Je dirais plus de cent.

Il y a le stage de survie.

> Bon, les enfants, ça fait cinq jours qu'on est en forêt, j'aimerais quand même vous préciser deux ou trois p'tits trucs, parce que ça va pas... DU TOUT ! Je vous rappelle le principe du stage : on part une semaine avec rien. Alors, Charles-Édouard,

tu remballes ta carte bleue et ton chéquier, s'il te plaît, ici t'es plus rien, compris ? La nourriture, elle est partout. À ce propos, Michel, tu pourrais éviter de pisser sur les pissenlits, parce que les pissenlits c'est très bon. De toute façon, j'ai repéré un coin à chenilles. Quoi, encore, Josiane ? Ça te dégoûte ? Ça craque sous la dent, le jus est délicieux ! Tu verras, c'est meilleur que les punaises qu'on a mangées hier...

Il y a le stage de ski.

Bon, les gars, ça va pas... DU TOUT ! Josiane, quand tu tombes au tire-fesses, lâche la perche s'il te plaît. Tu te fais à chaque fois traîner sur deux cents mètres. Tu nous fais des tranchées, on s'croirait à Verdun. Et toi, Momo, arrête de faire une fixette sur le télésiège. Je te signale que t'as fait six tours sans descendre, on aurait dit une valise abandonnée sur un tapis d'aéroport...

Ou encore le zoo.

Dites, les animaux, ça va pas... DU TOUT ! Y'a qu'un panda pour toute l'Europe, et monsieur, qu'est-ce qu'il fait ? Il tourne le dos aux visiteurs ! On va bientôt être obligé de te mettre une glace au fond de ta cage, comme dans les peep-shows ! Les girafes, ça vous amuse de cracher sur les gens qui passent en dessous ? Et les singes ! Vous croyez qu'on ne sait pas ce que vous faites, les singes ? Alors faites-le, bordel ! Les gens ils viennent que pour ça. Ça éveille les p'tits, ça excite les adultes, et ça rappelle des souvenirs aux vieux. J'allais oublier les éléphants. Quand on vous donne des cacahuètes, les éléphants, prenez-les, bon Dieu !

Vous savez combien je touche, moi, sur un paquet de cacahuètes ?...

On trouve notre allure de croisière, et je deviens rapidement l'un des piliers de *La Classe*, avec en particulier Pierre Palmade, dont je fais la connaissance cet automne-là. Je le surnomme le Mozart des stetches. Jamais je n'ai vu une telle fulgurance de l'inventivité, un diamant lumineux. Laurent Baffie n'apparaît pas à l'écran, lui, mais il écrit sans arrêt et commence à se tailler une réputation dans le petit milieu des comiques.

Après six ou sept mois à l'école de la télévision, l'envie de monter sur les planches me reprend. *Pièces détachées* a fait son temps, et j'ai beaucoup appris depuis. Je comprends mieux pourquoi le public nous a boudés. Cette fois, j'ai envie de me produire seul sur scène, et ce premier one-man show, je l'écris avec Laurent, tout en poursuivant *La Classe*. C'est fortement inspiré par l'humour des briefings, et ça s'appellera *Vous avez dit Bigard ?*

J'ai le titre, j'ai le théâtre – le Point-Virgule, où je compte bien cette fois-ci faire le plein – mais je n'ai pas l'affiche. Or je rêve d'une affiche dessinée par Wolinski. Qui je suis pour convaincre Wolinski de me faire ce cadeau ? Rien du tout. Je suis un mec qu'on voit faire le clown presque tous les soirs sur FR3, mais parmi d'autres. Sinon, je me traîne sur un Solex acheté trois cents francs aux puces, toujours flanqué de mon Lolo qui a préféré, lui, une Mobylette bleue pour quatre cents francs. Je ne jurerais pas qu'en nous voyant passer sous les fenêtres du *Nouvel Observateur*, où il travaille, Wolinski parierait lourd sur notre réussite. C'est d'ailleurs pourquoi je ne me pointe pas au *Nouvel Observateur*.

Je décide de l'appeler. Mais si j'ai appris à ne plus être en toute-puissance, j'ai aussi appris comment franchir les barrages. Je ne dis pas : « Pensez-vous que je pourrais déranger M. Wolinski une minute, s'il vous plaît ? Je suis un jeune artiste, et j'aimerais bien lui demander... »

Non. Je dis tout à trac :

– Wolinski, s'il vous plaît !

Et à ma grande stupéfaction, j'entends à l'autre bout :

– Tout de suite, ne quittez pas...

Et je l'ai au bout du fil. En deux mots je lui explique qui je suis, ce que je veux.

– J'ai une cassette pour vous de mes meilleurs sketches.

– OK, on est en pleine élection, j'ai pas mal de trucs à faire, mais amène-moi ta cassette, je la regarderai.

C'est en mars 1988, à la veille du premier tour de la présidentielle. François Mitterrand sollicite un second mandat.

Le lendemain, Wolinski me rappelle :

– J'ai vu ta cassette. Formidable ! Je ne sais pas quand ni comment je vais trouver le temps de te faire ton affiche, mais c'est moi qui vais la faire. Promis !

Huit jours plus tard, j'ai mon affiche ! Ma gueule, avec un hérisson sur la tête, sur fond jaune. Magnifique ! Merci, Georges. Même aujourd'hui, avec le recul, je crois que c'est l'un des plus beaux cadeaux qu'on m'ait jamais faits. Merci, merci encore, Georges. C'est Christian Varini, du Point-Virgule, qui va être content. Rien qu'une affiche comme ça signée Wolinski, et les badauds ont envie d'entrer.

J'ai une grande amitié pour Varini qui recueille systématiquement tous les chats perdus du théâtre.

« Christian, lui dis-je ce jour-là, il ne faut plus mettre ensemble trois pièces qui ne marchent pas. Il faut que tu acceptes d'accueillir de temps en temps un mec qui te rapporte un peu d'argent. Sinon, c'est comme si tu nous attirais sur ton bateau pour qu'on coule tous ensemble. »

Et, dans la foulée, j'encourage Pierre Palmade à venir nous rejoindre.

Du coup, ce sont des saisons exceptionnelles qui s'ouvrent au Point-Virgule. Mon *Vous avez dit Bigard ?* rencontre immédiatement le succès. Pierre Palmade cartonne avec *Ma mère aime beaucoup ce que je fais.* Nos deux spectacles dépassent celui de Christian Mousset, *Nos désirs font désordres,* qui faisait vivre le théâtre à lui tout seul depuis trois ou quatre ans.

Je décroche un soir le record d'affluence avec cent quatre-vingt-treize personnes dans une salle qui en contient au maximum cent quarante. Au moment où le rideau s'ouvre, je bute sur des pieds. Vingt-cinq personnes sont assises sur la scène, il ne me reste plus qu'un petit mètre carré pour jouer. Ça aussi, c'est un cadeau magnifique !

Pierre Palmade a trouvé un producteur, Claude Fournier. Il ne tarde pas à me l'amener et Claude devient mon premier producteur. « C'est très bien ce que tu fais, me dit-il, mais qui le sait à part les gens qui sont dans la salle ? » Claude me donne le plus précieux conseil qu'un producteur m'ait donné durant toute ma carrière, déjà longue aujourd'hui : il faut communiquer le succès. « Tu vas gagner un peu moins, me dit-il, parce qu'on va réinvestir une partie de ta recette dans l'affichage. Mais c'est comme cela que tu vas te faire connaître d'un public toujours plus large. »

Aujourd'hui, j'applique à la lettre ce conseil. Lorsque je fais un Zénith de cinq mille places, tous les billets sont vendus depuis des mois. Et pourtant je réaffiche dans toute la ville : « Bigard au Zénith », mais barré d'un bandeau : « Complet ! » Ce faisant, je confirme aux cinq mille personnes qu'elles ont eu raison de me réserver leur soirée, mais surtout j'explique aux cent cinquante mille autres qui ne vont pas pouvoir venir me voir que je suis un clown très prisé, très recherché, une façon de leur dire qu'il ne faudra pas me rater la prochaine fois.

Claude Fournier connaît toutes les ficelles, mais il est très cher. Il prend 60 % de la recette, contre 40 pour moi. Et avec Palmade, c'est encore pire : 70 contre 30. Pierre et moi sommes trop naïfs et débutants pour nous en offusquer au début, trop heureux de notre réussite surtout, mais assez vite la moutarde va nous monter au nez. Quand je revois Claude, aujourd'hui, qui est resté un ami, je ne rate jamais l'occasion de le taquiner : « Tu as quand même trouvé le moyen de paumer Palmade et Bigard dans la même année, je lui dis. C'est très fort ! » J'imagine que s'il s'était satisfait de nous prendre 10 % nous serions encore avec lui. Et il serait devenu millionnaire.

Ce sont des mois d'ivresse où j'ai pour la première fois le sentiment de décoller. Mon nom est maintenant étroitement associé à *La Classe* qui rencontre un succès considérable à la charnière des années 1980-1990. Je le mesure à la façon dont les gens se retournent sur moi dans la rue. « Regarde, c'est Bigard ! » On n'hésite plus à m'aborder, je suis le gendre idéal, le grand frère des gosses, il n'y a aucune barrière entre les gens et moi. J'ai tellement espéré ce moment que je ne boude pas mon plaisir. C'est un immense bonheur. J'ai 35 ans, le voyage a été long depuis Troyes, mais ça y est, on m'a fait la plus belle des places, on m'aime, on me reconnaît.

Dans le même temps, je croise mon affiche, celle du Point-Virgule, sur les colonnes Morris. Mon nom affiché dans tout Paris, tu imagines ? Si les gars de Buchères voyaient ça ! Je m'entends le dire tout bas, avant de réaliser qu'ils doivent me regarder tous les soirs à la télévision. Qu'est-ce qu'ils peuvent penser, là-bas, à Troyes ? J'ai maintenu des liens avec quelques-uns, mais la plupart ne m'appellent plus. Et puis le seul dont je voudrais vraiment voir les yeux s'écarquiller, c'est Jean-Pierre, mon frère aîné. L'entendre simplement me dire : « Tu t'en es bien sorti, finalement ? Bravo ! » Seulement, tandis que mes sœurs me félicitent de mon succès, c'est encore le silence du côté de Jean-Pierre.

Bon, mais ce n'est pas le moment de se retourner, alors que ça démarre tout juste, et je m'associe à Pierre Palmade, un frère pour la vie, pour écrire mon second one-man show : *Oh ben oui*. C'est là que nous créons ensemble deux sketches qui vont devenir des classiques, des incontournables : « La photo de mariage », et « La chauve-souris ».

> J'ai entendu à la radio, ce matin, on a une chance sur dix millions de se faire mordre par une chauve-souris enragée.
>
> Alors, faut quand même savoir : y'a un gars qui s'est cassé le cul pendant des mois, avec du matériel et tout... pour arriver à la conclusion suivante : on a une chance sur dix millions de se faire mordre

par une chauve-souris enragée. Moi, j'suis pas curieux, mais j'voudrais quand même bien savoir comment il a fait, le gars, pour déterminer qu'on avait tous en moyenne une chance sur dix millions de se faire mordre. Admettons que le gars soit très copain avec une bande de chauves-souris enragées, il les connaît depuis longtemps, il les a déjà dépannées quand elles étaient dans la merde, elles lui doivent tout, elles lui cachent rien... mais bon, moi j'dis que c'est un peu facile de foutre les j'tons à tout le monde, avec finalement la seule chance qu'on a de se faire mordre, en occultant volontairement, x'cusez du peu, les neuf millions 999 999 autres chances qu'on a de pas s'faire mordre. Donc de pas mourir dans d'affreuses souffrances.

Moi, j'vois, j'habite dans le Xe. Déjà, le Xe. c'est un quartier, question chauves-souris, qu'est assez tranquille...

Claude Fournier y croit, et il a l'idée de lancer le spectacle à la veille de l'été, ce qui va à l'encontre de toutes les règles (ordinairement, on ferme les théâtres pendant l'été, et on en profite même pour faire des travaux). Du coup, Claude n'a aucun mal à me décrocher un théâtre, et pas n'importe lequel : le Splendid ! Celui qui a vu naître l'une des bandes de comédiens les plus époustouflantes : Balasko, Lhermitte, Jugnot, Blanc, Clavier... Sortant du Point-Virgule, j'inaugure mon premier théâtre.

C'est très risqué de vouloir jouer en plein été, surtout dans une salle non climatisée où la température peut atteindre les 40 °C. Eh bien, aussi incroyable que ça puisse paraître, les gens accourent ! Alors commence un été de folie. Je cartonne tous les soirs. Les places se vendent à un tel rythme que je double les représentations les vendredi et samedi. Je donne sept spectacles par semaine (nous relâchons dimanche et lundi), et ça ne désemplit pas. Je n'ai plus de cordes vocales, j'ai la voix complètement déchiquetée, mais je m'en fous. Je baigne du matin au soir dans l'euphorie. Et l'argent commence à rentrer. J'échange mon Solex pourri contre un scooter tout neuf. Et j'achète mon premier appartement !

Ce jour-là, je me prends vraiment pour le roi du pétrole. Le p'tit gars de Troyes qui signe pour un trois pièces à Paname ! Si c'est pas démarrer une nouvelle vie, ça ! Trente-sept mètres carrés pour moi tout seul, dont je fais aussitôt un truc de blaireau. Quand j'y pense, j'en ai presque honte. Je fais abattre toutes les cloisons et installer un jacuzzi. Un copain vient me peindre un coucher de soleil au-dessus de ma baignoire, et un ciel au plafond. Depuis mon bain, je peux regarder la télé, ou me perdre dans le trompe-l'œil que j'ai fait peindre sur le mur du fond de la cuisine. J'ai fait installer des éclairages dignes du Châtelet, et un tableau de commande accessible depuis le lit. Je dors sur deux cents kilomètres de fil électrique logés sous le plancher qui me permettent, en tournant simplement un bouton, d'illuminer mon jacuzzi, ma cheminée ou mon micro-ondes, de glisser de l'aube au crépuscule, voire de l'hiver au printemps. Tout ça est absolument ridicule, mais il me faudra quelques années pour en prendre conscience.

En attendant, je flotte sur un petit nuage, et quand Vincent Lagaf', que j'ai connu sur les bancs de *La Classe*, me propose de l'accompagner à l'inauguration du Club Méditerranée d'Opio, sur la Côte d'Azur, je dis tout de suite oui. Le Club Med a besoin de deux clowns pour animer quelques soirées. En échange, nous serons logés comme des princes, et nous aurons toutes nos journées pour buller. Depuis quand est-ce que je n'ai pas pris de vacances ? Cela doit remonter à ma retraite anticipée, au joli temps des tractions avant.

En grimpant dans l'avion pour Nice, je ne me doute pas qu'en fait de vacances, ce séjour à Opio va profondément bouleverser mon destin. Quand j'en reviendrai, Claudia sera entrée dans ma vie.

Chapitre 6

Pourquoi mon regard s'arrête-t-il sur celle-ci plutôt que sur une autre ? Une petite poupée blonde échappée de Broadway, qui lève merveilleusement la jambe, qui a les yeux un peu trop grands pour son visage. Ce soir-là, elles ont toutes la même façon de lever la jambe, elles dansent toutes comme Liza Minnelli dans *Cabaret*, alors pourquoi elle et pas une de ses copines ? Parce que c'est elle que le bon Dieu me destine. Aujourd'hui, dix-huit ans plus tard, je peux l'écrire, je le sais.

Pour fêter son ouverture, le Club Med a fait venir une petite délégation de danseuses du Paradis latin. Une dizaine de filles dont on découvre le spectacle le premier soir. Elles passent après nous. Je ne dis pas que les autres ne sont pas jolies, mais moi je suis immédiatement fasciné par celle-ci. C'est peut-être les boucles blondes qui se détachent de son chignon, son oreille minuscule, la ligne fragile et tendue de sa nuque, ou encore une façon particulière d'attraper le rythme...

On les applaudit, et quand elles sortent de scène on va timidement leur tourner autour, Lagaf' et moi.

Elle s'appelle Claudia. Elle parle un peu le français, mais à condition d'aller doucement. Elle est brésilienne, elle a dansé à Broadway, sur d'autres scènes également, et, de passage à Paris, elle s'est fait engager dans plusieurs cabarets pour prolonger ses vacances. Son visa expire dans deux ou trois mois, alors elle repartira pour New York où vit sa mère, tandis que son père habite le Brésil.

– Dans deux ou trois mois, tu dis ?

– Oui. Et toi, qu'est-ce que tu fais ici ?

– Ben moi je fais le guignol avec mon pote Lagaf'.

– C'est quoi, le « guignol » ?

– On fait rire les gens, on est des comiques. Des clowns quoi. Tu vois ce que c'est, un clown ?

– Comme Charlot ?

– Voilà, on est des mecs comme Charlot. Demain, il faut que tu viennes nous voir avec tes copines.

– Pourquoi pas ?

– Tu viendras alors ?

– D'accord. Je vais le dire aux autres.

Le lendemain, je repère ses cheveux blonds dans la salle. J'interprète principalement des briefings et, au milieu, le fameux sketch de « La chauve-souris ». C'est à ce moment-là seulement que je réalise qu'elle ne va rien comprendre. Quel con ! je me dis. Mais quel con ! Je n'aurais jamais dû lui proposer de venir. Elle va s'emmerder comme la mort, et ensuite elle changera de trottoir en m'apercevant.

Mais non, pas du tout. Elle a trouvé très amusant d'entendre les gens hurler de rire, de les voir se bouffer les genoux.

– Mais toi, t'as compris quelque chose ?

– Bien sûr, j'ai compris. Et puis il suffit de te regarder pour avoir envie de rire.

C'est peut-être un an plus tard qu'elle m'avouera qu'elle ne savait pas ce que c'était qu'une chauve-souris, et que pendant tout le sketch elle s'était creusé la cervelle...

Les trois jours suivants, je ne rate aucun de ses spectacles. Je commence doucement à me demander ce qu'elle fait quand elle n'est pas en face de moi, en train de danser ou de boire un verre. Depuis quand est-ce que ça ne m'est pas arrivé d'être attrapé par le cœur ? Je ne sais plus, mais je sais qu'aucune fille ne m'a jamais fait cet effet-là.

Je me laisse porter, je laisse un peu les événements décider pour moi. Est-ce que j'ai envie de partir pour une grande histoire ? C'est pas sûr, hein. Ma grande histoire, pour le moment, c'est mon envolée au Splendid, et la préparation du spectacle qui suivra. Cependant, les événements décident, en effet, ou plutôt Claudia, qui me regarde différemment au fil des jours. On ne s'est rien promis, mais à l'instant où je croise son regard je me sens déjà pris d'un léger vertige. Si bien que quand arrive le moment de se dire au revoir, je n'ai plus le cœur à remettre à l'eau ce petit poisson. Et c'est moi qui lui demande son téléphone.

– Je t'appelle dans quelques jours.

Quand je l'appelle, cependant, elle n'a pas l'air trop pressée de me revoir. Alors, c'est encore moi qui précipite les choses. J'écris, je la bombarde de fleurs et de peluches, puisqu'elle aime les fleurs et les peluches. Qu'est-ce qui me prend ? Aujourd'hui encore, j'ai bien du mal à expliquer avec des mots simples la violence soudaine de mes sentiments durant ces premières semaines à Paris. Claudia est entrée dans ma vie presque malgré moi, et maintenant il m'est tout à fait insupportable d'imaginer qu'elle pourrait en sortir du jour au lendemain.

Nous nous revoyons, et alors je n'ai plus aucun doute : je ne veux pas la perdre. C'est elle, et aucune autre. Pendant des jours, je le lui répète, avec cet acharnement que je peux mettre quand je veux décrocher la lune.

– Je ne veux pas te perdre.

Et elle :

– Moi non plus, tu sais, mais il faudra bien que je reparte un jour.

– C'est impossible !

– C'est obligatoire, Jean-Marie.

– Sauf si on se marie !

– Pardon ?

– Tu as bien entendu, Claudia. J'ai dit : sauf si on se marie. Si on se marie, tu n'as plus besoin de repartir.

Elle semble un moment sidérée.

– Claudia, est-ce que tu accepterais de devenir ma femme ?

– Tu me donnes un peu de temps pour réfléchir ?

– Non.

– Alors c'est oui !

On se marie le 4 février 1991, à la mairie du X^e^arrondissement, puis à l'église. C'est l'abbé Letteron, l'aumônier des artistes, lui aussi un ami pour toujours, qui célèbre la messe et bénit notre union. Pendant toute la cérémonie, j'ai à l'esprit l'image de mes parents se tenant par la main jusqu'au dernier soupir de ma mère. Je veux parler de la plus belle chose qu'ils nous aient laissée en exemple : leur loyauté l'un vis-à-vis de l'autre, leur solidarité à travers l'espèce de guerre que n'a jamais cessé d'être leur vie. Et c'est à eux que je pense au moment de répondre « oui » à la formule consacrée : « Voulez-vous prendre pour épouse Claudia Bossi de Pinho, ici présente ? »

Oui, je veux prendre Claudia pour épouse. Oui, trois fois oui. Et je pense que ce oui n'est beau, n'est fort, que si tu as conscience en le prononçant qu'il t'engage jusqu'à la fin de tes jours au côté de la femme que tu as choisie, et qui t'a choisi. C'est un peu vieillot ce que j'écris là, mais c'est ma conviction, ma certitude, et je peux dire aujourd'hui que si je ne l'avais pas eue chevillée au cœur, nous n'aurions sans doute pas su franchir ensemble, Claudia et moi, tous les drames et toutes les épreuves qui nous ont été envoyés.

C'est une fête magnifique, ce mariage. L'église est pleine de tous ceux qui m'ont aidé à construire ma nouvelle vie, ici, à Paris. Ceux qui m'ont reçu quand j'étais un mendigot, Geneviève, Mme David du Rendez-vous des amis, ceux qui ont cru en moi, Christian Varini du Point-Virgule, qui est le témoin de Claudia avec Maguy, une amie danseuse, Guy Lecluyse et Chantal, mes témoins, tous les comédiens qui se sont croisés dans *Pièces détachées*, et puis Étienne, mon psy, Laurent Baffie, mon Lolo, mon vieux pote, et bien sûr toute la troupe de *La Classe*, Pierre Palmade, Didier Gustin, Lagaf', Tex, et tous les autres... et aussi François Rollin. En croisant leurs sourires, tandis que je quitte l'église au bras de Claudia, je peux mesurer le chemin parcouru. Il y a six ans seulement, je dormais dans ma bagnole, je n'avais même pas de quoi m'offrir une chambre d'hôtel.

Christian Varini le sait, et c'est justement pour ça qu'il nous a loué la Rolls-Royce blanche qui patiente sur le parvis. Quant à moi, j'ai réservé les salons du Tapis rouge, devant la mairie du

X^{e} arrondissement. C'est là qu'ils débarquent tous, les bras chargés de cadeaux. Et chacun d'entre eux y va de son petit sketch au fil de la soirée.

Alors arrive Guy Lux. Mon vieux Guy Lux, inventeur et producteur de *La Classe*, parrain d'*Intervilles* et de toutes les grandes émissions de variétés depuis un demi-siècle. Une légende vivante, Guy Lux. Lui n'a pas écrit de sketch, mais il est ce jour-là un sketch à lui tout seul. Il voit la montagne de cadeaux, la bonne humeur et la générosité de tous ces artistes qu'il a vus démarrer, et il a peut-être un peu honte de s'être pointé sans rien à offrir. Pourtant, on ne lui en veut pas, personne ne lui en veut, on sait bien tous, ici, pour en avoir fait les frais, combien Guy est radin, maladivement radin. Enfin bref, il voit la montagne de cadeaux, et il se met à chercher dans ses poches.

– Ben Guy, qu'est-ce que tu fais ? Entre, viens boire avec nous !

– Attends, attends.... Tiens, c'est pour toi.

Et il me tend une paire de chaussettes. Elles ne sont pas dans un paquet-cadeau, il a dû les acheter en chemin, pour lui. Mais là, sur le coup, il a vraiment envie de me donner quelque chose.

– Putain, des chaussettes ! Ça me touche beaucoup, Guy. Laisse-moi te faire la bise.

– C'est pas grand-chose.

– Tu rigoles ! C'est la première fois que tu me fais un cadeau ! Mon Guy ! Mon vieux Guy ! Y'en a combien ici à qui t'as offert un truc ? Tu peux être sûr et certain que ces chaussettes-là, je vais en prendre soin...

C'est vrai, j'ai bien dû les garder dix ans, les chaussettes de Guy Lux.

Et puisque je parle de lui, il faut que je raconte comment je l'ai rencontré. Si, si, c'est le genre d'anecdote qui va très bien pour un mariage.

C'était au début, quand je m'acharnais à essayer d'intégrer *La Classe*. Guy devait en avoir marre de me voir traîner dans les couloirs.

– Dites-moi, me dit-il un jour, vous ne voulez pas m'écrire des petits trucs pour Sébastien ?

– Si, avec plaisir !

Je rencontre Patrick Sébastien et je lui écris quelques sketches. Il est ravi.

– Ils sont formidables tes gags, je les enregistre.

Le lendemain, je reçois un coup de fil de la secrétaire de Guy Lux.

– M. Lux vous demande d'abandonner vos droits d'auteur et, en échange, il va vous verser un cachet pour solde de tous comptes.

Mes droits d'auteur s'élevaient à peu près à 5 000 francs, Guy me propose un cachet de 3 000. Il ne manque pas d'air, le vieux, me dis-je, mais comme je n'ai pas les moyens de protester, j'accepte.

Un mois plus tard, quand je reviens aux nouvelles, sa secrétaire m'annonce :

– M. Lux m'a dit qu'en fait il donnerait 2 000.

Puis silence radio, et je ne vois toujours pas la couleur du chèque.

Je rappelle. Les semaines passent. Bientôt, cela fera six mois que j'attends mon argent.

– Il exagère, quand même, me dit un jour sa secrétaire. Mais ne quittez pas, il entre justement dans son bureau, je vais lui parler...

Je patiente. Puis la secrétaire me reprend :

– M. Lux préférerait ne donner que 1 000.

Ces mots-là, pas un de plus, pas un de moins. *M. Lux préférerait ne donner que 1 000.* J'en reste un moment sur le cul. Et puis je m'entends dire :

– Bon, je viens les chercher tout de suite, parce que au rythme où ça va, dans trois mois, c'est moi qui vais lui devoir du fric.

Peut-être trois ou quatre ans après mon mariage, j'aurai le plaisir inouï de rejouer cette scène, figure-toi, la même, mais dans l'autre sens. Guy Lux veut organiser une grande soirée à la télévision avec les meilleurs moments de *La Classe*, réinterprétés par les stars de l'époque. C'est mon frère, Jean-Pierre, qui s'occupe à ce moment-là de mes affaires.

Guy l'appelle et lui propose de me payer 15 000 francs pour la soirée.

– Qu'est-ce que tu en penses ? me demande Jean-Pierre.

– Réponds-lui exactement ceci, Jean-Pierre : M. Bigard préférerait 35000.

– T'es sûr ?

– Au mot près, s'il te plaît : M. Bigard préférerait 35 000.

– Bon, d'accord.

Le lendemain, j'ai Guy au téléphone. La voix altérée par l'émotion.

– Comment tu peux me faire un truc pareil, Jean-Marie ? Tu es mon fils, et tu veux ma mort ! Même Jean Lefebvre ne me demande pas une somme pareille... Tu me tues, tu m'entends ? Tu me tues !

Et moi :

– Je t'entends, Guy, mais je préférerais 35 000.

– Tu ne veux pas...

– Non ! C'est 35 000, ou je ne viens pas !

Et je reçois mon chèque. Et je suis certain que ce jour-là, durant quelques minutes au moins, le vieux Guy Lux a regardé le monde avec des yeux pleins d'humanité. Peut-être même a-t-il versé une petite larme, dans le secret de son bureau. Sur lui, sur son malheur. Mais je ne lui en veux pas, et toutes ces querelles de chiffres me l'ont finalement rendu très sympathique. Chacun se débrouille comme il peut avec l'argent.

Claudia et moi vivons ensemble depuis trois mois seulement, et je travaille à l'écriture de mon prochain spectacle, *BIG ARD,* quand survient un drame qui va anéantir d'un coup toutes nos illusions de jeunes mariés.

C'est le mois de mai, nous sommes pour quelques jours en vacances à Saint-Tropez. Claudia évoque déjà le bonheur d'avoir un enfant. Peut-être même s'inquiète-t-elle de ne pas être enceinte. Nous devons faire une hystérosalpingographie, et on se dit : « Tiens, pourquoi ne pas la faire ici, à la clinique du coin ? » Cela consiste à injecter dans la cavité utérine et dans les trompes un liquide qui permet de visualiser la morphologie et de repérer d'éventuels dysfonctionnements. Le médecin nous a dit que c'était un examen bénin, très peu douloureux, dont les patientes se relevaient immédiatement, et nous l'avons cru.

Seulement Claudia sort de cet examen étrangement affaiblie. L'après-midi, elle est prise de douleurs au ventre de plus en plus vives. Le soir, elle a près de 40 °C de fièvre. Nous repartons pour la clinique. Il apparaît qu'en pratiquant l'hystérosalpingographie l'équipe médicale lui a collé une septicémie.

Le lendemain matin, le médecin ne me cache pas qu'il est très inquiet.

– Je ne veux pas vous mentir, me dit-il, les yeux dans les yeux : en l'état actuel, le pronostic vital de votre femme est réservé.

Le pronostic vital... Est-ce que ça veut dire que Claudia risque de mourir ? Ça non ! Ça sûrement pas ! Je demande au médecin qu'il me mette par écrit tout le traitement entrepris pour la sauver, et je passe la matinée à téléphoner dans tout Paris. Tous les spécialistes que je parviens à joindre grâce à des amis me confirment que c'est le bon traitement, qu'il n'y a rien de plus à tenter. Seulement à espérer que l'organisme de Claudia sera suffisamment fort pour prendre le dessus.

Vingt-quatre heures plus tôt, tandis que nous prenions notre petit déjeuner à la terrasse de l'hôtel, il nous avait effleuré que le soleil ne se levait que pour nous, tellement nous nous sentions heureux et confiants en l'avenir. Et voilà que d'un coup de baguette le destin nous précipite dans une nuit sans fond.

Alors j'appelle Étienne.

– Je ne veux pas que ma femme meure, Étienne, tu m'entends ? J'ai perdu maman, je n'ai rien pu faire pour l'empêcher de mourir, mais ma femme, non, je ne veux pas, je ne pourrais pas le supporter. Tu m'entends, Étienne ?

– Je t'entends, oui.

– C'est trop dur. Je crois que je n'aurais pas la force. Tu comprends ? Dis-moi que tu comprends.

– Je comprends, Jean-Marie.

– Alors je vais me mettre en travers de la mort. C'est ça que je voulais te dire. Elle a pris maman, mais elle ne me prendra pas Claudia. Pas elle, pas ma femme.

Je ne distingue plus la nuit du jour. Je suis tantôt assis sur une chaise, tantôt allongé sur un lit de camp, mais pas une minute je ne lâche la main de Claudia. Pas une minute. Il me semble que tant que je tiendrai dans la mienne cette petite main inerte et translucide, la mort ne me l'enlèvera pas. Ou peut-être est-ce que je me figure confusément qu'il lui faudra alors nous enlever tous les deux, puisque nous sommes attachés, puisque nous ne faisons plus qu'un. Et que m'enlever moi, fort et grande gueule comme je le suis, tellement entêté à vivre, ça sera sûrement bien plus difficile que d'embarquer en douce une petite poupée déjà plongée dans l'inconscience.

Combien de temps restons-nous là, elle endormie, et moi malade de chagrin et de colère ? Je ne sais pas, je n'ai jamais su, jamais demandé à personne. Mais Claudia revient lentement vers la vie et, quand elle peut enfin me parler, elle me raconte ce qu'elle vient de traverser.

– Une lumière immense baignait la chambre, me dit-elle, et j'étais bien, tu sais, je me sentais très sereine, très calme. Alors est entrée une figure monstrueuse, avec des bras et des jambes en quantité innombrable. Jamais je n'avais vu un être semblable. Et dans cette lumière si particulière... Y repenser me fait peur maintenant, je n'ai même pas envie de te le décrire, et cependant, sur le moment, je n'ai pas eu peur du tout. Au contraire. Mon désir profond aurait été de suivre ce visiteur, de partir, je me sentais si bien, si paisible... Mais tu me retenais par la main, Jean-Marie, tu me retenais avec une telle force que je n'ai pas pu partir.

– Tu n'as pas pu *partir* ?

– Non, voilà. Je n'ai pas pu parce que tu me retenais par la main. Je tirais, je tirais, mais tu ne me lâchais pas.

Jusqu'à aujourd'hui où j'écris ce livre, Claudia n'a jamais cessé de me le répéter : « Je suis restée, ce jour-là, parce que tu me retenais par la main. »

Est-ce que si je n'avais pas été dans la chambre à ce moment-là, si je m'étais absenté une petite heure pour prendre l'air, Claudia serait morte ?

Elle le croit, elle n'a aucun doute là-dessus, et la scène de sa mort est chaque jour présente à son esprit.

Il y a quelques années, lors d'un voyage au Brésil, elle est entrée dans l'officine d'une voyante. Là-bas, cela se fait très couramment, les gens ont l'habitude de consulter des voyantes. « Je ne comprends pas ce que vous faites sur terre, lui a dit cette femme, parce que pour moi vous êtes morte à 28 ans. »

Claudia a 28 ans, en effet, ce mois de mai 1991 où elle voit la mort de si près, mais elle en paraît le double lorsque nous quittons Saint-Tropez pour regagner Paris. En deux ou trois semaines seulement, ma petite poupée blonde qui faisait le grand écart comme aucune autre a perdu tous ses muscles. Ses yeux lumineux se sont éteints, elle s'est recroquevillée sur elle-même, comme si de la flamme qui l'animait et la faisait danser ne restait plus qu'une petite braise, à peine suffisante pour réchauffer son cœur.

J'avais dit aux médecins : « Si vous avez tué ma femme, vous pouvez faire un golf miniature à la place de votre clinique, parce que je vais le faire savoir au monde entier. » Cependant, durant ces nuits sans sommeil, j'avais supplié Dieu de sauver Claudia, je n'avais pas cessé un instant de prier, et Dieu m'avait entendu. Alors je renonce à poursuivre la clinique. Je ne vais pas me retourner contre eux, me dis-je, Dieu m'est venu en aide, c'est tout ce que j'espérais, je vais les oublier.

Mais jusqu'à quel point ces médecins ont-ils détruit Claudia ? À ce moment-là, nous avons encore l'espoir qu'elle pourra de nouveau danser, et vivre comme une jeune femme de son âge – aimer, enfanter...

Les médecins qui la prennent en charge à Paris sont moins optimistes. Les séquelles de la septicémie risquent de l'empêcher à jamais d'avoir un enfant. Il faut l'opérer, voir ce que l'on peut sauver des organes touchés, et l'on jugera ensuite. Mais il faut en priorité qu'elle retrouve des forces, et Claudia passe les mois de juin et juillet à demi allongée, en convalescence.

Au mois d'août, elle est suffisamment rétablie pour être opérée. Suivent deux ou trois mois de convalescence, puis une nouvelle intervention...

Que faut-il comprendre de ce qui nous arrive ? Nous avons eu trois mois de bonheur, trois mois seulement, et, depuis, notre vie de couple ressemble à une guerre d'endurance que nous menons côte à côte pour ressusciter Claudia. Pourquoi ? Qu'avons-nous fait pour mériter un tel châtiment ?

Par bonheur, Étienne est là. Après quelques années de thérapie qui m'ont ouvert les yeux sur moi-même, je suis enfin mûr pour commencer à explorer les ressorts secrets du monde, ou plutôt de la métaphysique. Pourquoi ma vie ressemble-t-elle à un long calvaire ? Est-ce que tous ces deuils, tous ces drames qui ponctuent mon chemin ont un sens quelconque ? Si Étienne n'a aucun mal à me faire partager sa foi en Dieu, c'est évidemment que je suis arrivé chez lui croyant. Mais à ce moment-là, je ne savais que faire de ce Dieu dont je subissais les coups, mais dont je ne comprenais pas le message. Le Dieu des chrétiens, celui que m'ont légué mes parents. Le Dieu dont se met à m'entretenir Étienne n'est pas différent du mien, mais les mots pour l'atteindre et le comprendre sont un peu différents. Je découvre la philosophie indienne telle que beaucoup la pratiquent en Inde, je découvre la méditation et les grands maîtres indiens.

Ce que je comprends, petit à petit, c'est que rien ne nous arrive par hasard. Dieu sait parfaitement ce qu'il fait lorsqu'il nous envoie une épreuve. Chacune est là pour nous conduire sur le chemin qu'Il a choisi pour nous, pour nous y ramener si nous nous en écartons. Je comprends qu'au fil de notre vie nous réalisons notre destin, celui pour lequel Dieu nous a créés. Alors ma vie, qui me paraissait si douloureuse et chaotique, prend un sens. La disparition de maman, l'assassinat de mon père, la mort de Craco, l'incendie de mon appartement, toutes ces épreuves ont contribué à faire de moi un homme profondément différent du jeune homme romantique et désinvolte que j'étais à 20 ans. Elles m'ont amené à rompre avec ma ville, avec les miens, à planter mes racines ailleurs, à devenir artiste. Qui aurait pu penser que le fils de Marcel Bigard, enfant martyr devenu charcutier contre son gré, tiendrait un jour la scène du Splendid ?

Et ce chemin m'a conduit à croiser celui de Claudia. Ça n'est pas un hasard, c'est Dieu qui l'a voulu. Pourquoi elle ? Pourquoi moi ? Sans doute parce que nous nous sommes reconnus. Claudia qui n'était pas une enfant voulue, elle non plus, qui arrive comme un accident dans une famille où il n'y en a que pour sa sœur aînée, étoile de danse, championne de natation, élève modèle. Claudia qui cache sous sa beauté et sa grâce une enfance fracassée, entre un frère aîné qui l'a violée de l'âge de 6 à 12 ans, et des parents qui, le sachant, ont préféré fermer les yeux, excuser le fils. Claudia qui fuit le Brésil, comme j'ai fui Troyes, pour construire sa vie loin des siens. Claudia pour qui je suis devenu toute sa famille, comme elle est toute la mienne. Je crois qu'avant de rien savoir sur elle, j'ai été profondément touché par son regard sur moi, par les blessures que j'ai devinées en elle, comme elle a dû l'être par le rescapé que j'étais, que je suis toujours.

Et puis c'est encore Dieu qui nous a envoyé cette épreuve ahurissante : l'accident de Claudia, j'allais écrire la *mort* de Claudia, tant j'ai la conviction que si je n'avais pas été là pour la retenir, le bon Dieu me l'aurait reprise.

Pourquoi ? « Je ne sais pas où tu veux me conduire, Seigneur, mais je vais essayer d'être fort et de franchir ce nouvel obstacle avec dignité. » Un jour, je m'entends dire ces mots-là, moi qui étais plutôt du genre à démolir les murs avec mes poings, et ce jour-là je réalise que je viens de franchir une nouvelle étape.

Claudia se remet lentement, au fil des mois et des interventions chirurgicales. Mais elle ne pourra plus jamais danser, et les médecins ne nous cachent pas qu'il ne nous sera plus possible d'avoir un enfant en dehors d'une fécondation *in vitro*.

Quelle aurait été notre histoire si cette épreuve phénoménale ne nous avait pas frappés dans le nid alors que nous n'en revenions pas de notre bonheur ? Deux tourtereaux ! Sans doute aurions-nous vécu comme un couple normal, nous aimant passionnément les premiers temps, puis nous regardant de moins en moins, puis nous éloignant, jusqu'à nous perdre peut-être après cinq ou dix ans. Ce sont les Chinois qui nous enseignent que si nous mettons un grain de riz dans une tirelire chaque fois que nous faisons l'amour durant la première année de notre mariage, nous n'aurons pas assez de toute notre vie pour vider la tirelire en retirant un grain de riz chaque fois que nous refaisons l'amour.

Précipités dans la tourmente, c'est un couple différent que nous construisons. Un couple lié pour l'éternité. Deux miraculés d'un naufrage, tu vois, qui ne peuvent pas oublier qu'ils n'auraient pas survécu sans le secours de l'autre. Deux miraculés, oui. Claudia serait morte si je ne l'avais pas retenue par la main, et je serais mort de chagrin si le bon Dieu me l'avait enlevée. Cela crée des liens particuliers, des liens que ni le temps, ni l'éloignement, ni les difficultés ne sont capables d'entamer.

Très vite, nous ne vivons plus sous le même toit, je dors à mes heures, je travaille la nuit, je parle trop fort, et Claudia a besoin de silence et de lumière. Elle renaît doucement à la vie. Mais au lieu de nous séparer, cet éloignement géographique nous rapproche. Comme s'il permettait de rendre palpable le lien qui nous unit. Je n'agis plus, je ne respire plus sans penser à Claudia. Si elle pleure, je pleure. Si elle se coupe, je saigne. Si elle court, je suis essoufflé.

De quoi est donc fait cet amour qui fait qu'à présent nous sommes dépendants l'un de l'autre comme les deux moitiés d'un cœur ? Il s'inscrit dans la chaleur de la vie, puisque même si nous ne dormons pas toujours ensemble nous ne passons pas un jour sans nous toucher, sans nous respirer. Et en même temps, il puise sa force bien au-delà. Nous partageons la même foi en Dieu, nous avons l'un comme l'autre la certitude que ces épreuves ne nous ont pas été envoyées par hasard, qu'elles sont là pour nous façonner, nous pousser vers ce destin commun qui a été choisi pour nous. Et puis Claudia est également en thérapie avec Étienne Jalenques, et grâce à cela nous cheminons ensemble, nous progressons ensemble.

Dans cette construction, j'aime cette place que le mariage m'a donnée. Claudia est ma femme depuis quelques mois seulement, mais je sais déjà qu'elle le sera pour toujours, comme ma mère fut jusqu'à la fin la femme de mon père. J'ai ce plaisir immense de me dire chaque matin, en ouvrant les yeux, que je suis l'homme sur lequel Claudia peut compter. Quoi qu'il arrive.

Elle ne dansera plus. C'était sa passion, et le bon Dieu la lui retire. C'est peu de chose au regard de la vie qu'elle a failli perdre, bien sûr, mais cela bouleverse tout son avenir. Ne plus danser, pour faire quoi ? pour aller où ? Quinze ans plus tard, nous sommes capables de le dire puisque ce tournant l'a finalement poussée à reprendre ses études de psychologie à la Sorbonne, jusqu'à décrocher un DESS. Claudia, qui a flirté avec la mort, travaille aujourd'hui au service d'oncologie de la Salpêtrière. Elle aide les malades à partir, à accepter de mourir. Et elle porte également ceux qui restent, le frère, la sœur, le père, la mère.

Mais sur le moment, je cherche comment l'aider, et puisqu'elle chante pas mal nous avons l'idée d'enregistrer un disque ensemble.

Tandis que Bruno Jeannet interprète les fameux *Adieux à Buchères*, moi *Le tango des fachos*, ou encore *Un poil de cul sur ma savonnette*, Claudia chante en duo avec moi *Do You Understand Me ?*

J'ai connu New York and Broadway chéri,
Et j'suis venu dans ton pays.
Tu m'avais fait une promesse chéri,
À la mairie tu m'avais dit :

Tu verras pour te faire plaisir
J'apprendrai la langue de Shakespeare.
T'as rien fait t'es un vrai macho.

Do you understand me ?
— Of course my dear.
Can you talk to me ?
— I speak very well.
Why are you so happy ?
— Because I love you chérie.

Chapitre 7

Si Claudia n'avait pas la foi, elle pourrait dire que du jour où elle m'a rencontré sa vie a basculé dans l'horreur. Si je n'avais pas la foi, je pourrais dire que le malheur me colle à la peau. Je le dis parfois, tout bas, dans un moment d'énorme colère, ou de désespoir, mais aussitôt je me reprends. Tout ça ne te tombe pas sur la tête par hasard, Jean-Marie, Dieu est rusé et, tuile après tuile, il te mène par le bout du nez où il veut te conduire. Et moi j'y vais, j'y cours, sans me retourner. Qui aurait la force de se retourner sur une telle hécatombe ? On dirait que tous ceux que j'aime sont appelés à être détruits. Un jour, sûrement, je comprendrai pourquoi tant de sacrifices.

On est en plein cyclone, notre amour conjugal en congé maladie, Claudia entre deux opérations, quand le Palais des Glaces m'ouvre ses portes. Je pourrais renoncer, mais ça ne m'effleure même pas. Arrêter de faire le clown, arrêter la scène, ça serait comme d'arrêter de courir. D'un seul coup, je me retrouverais devant ma glace, j'apercevrais le trou noir, derrière, et je tomberais dedans. Je ne veux pas tomber, je veux connaître la fin de l'histoire.

Dans mon nouveau spectacle, *BIG ARD*, écrit en collaboration avec Laurent Baffie et François Rollin, et mis en scène par le même François Rollin, j'ai glissé quelques-unes de mes découvertes sur le sens de la vie. Tiens, à propos du hasard en particulier. D'ailleurs, le sketch s'appelle « Le hasard ». « Le hasard, quand ça tombe, ça tombe. Tu peux pas lutter contre le hasard. Vous vous souvenez de cette histoire qu'est authentique, l'histoire du gars dans l'avion ? » Et là, je raconte l'histoire d'un mec qui va aux toilettes parce qu'il est pris d'une soudaine envie de pisser. Dix secondes plus tard, l'avion s'écrase. Tout le monde est tué, sauf lui, parce qu'il était aux chiottes. C'était pas son heure, Dieu l'avait envoyé là pour le garder au frais.

Mais quand c'est ton heure, tu ne peux pas lutter non plus, et ce sketch annonce déjà celui du camion que j'écrirai trois ans plus tard, pour mon spectacle suivant, *100 % tout neuf*. L'histoire d'un type qui s'en veut à mort parce que son pote vient de se faire écraser par un camion.

> Y'a toujours un abruti pour dire : « Et moi comme un con j'lui paie un café ! Oh putain je m'en veux, je m'en veux ! Tu t'rends compte, j'lui paie pas de café, il passe deux minutes avant au carrefour, et il est pas écrasé par le camion. J'suis con ! J'suis con ! » C'est vrai qu'il est con ! Faudra lui dire un jour ou l'autre. Même Leibniz lui dirait : « Dis donc, t'es gentil mon garçon, mais si tu remontes ces deux minutes-là, ben faut aussi remonter les deux minutes d'avant... Et puis le quart d'heure... » Ben oui, parce que le quart d'heure d'avant, le gars, il avait repris du fromage, alors c'est un p'tit peu de sa faute aussi, hein. Et les

parents ? Les parents y sont pas tout blancs dans l'histoire. La mère, au moment de l'accouchement, elle pouvait pas serrer les cuisses quinze secondes pour sauver son fils...

Tout ça pour dire : nous sommes dans la main du Seigneur, que sa volonté soit faite. Sauf que si je dis : Seigneur, que ta volonté soit faite, tout le monde s'en fout, personne ne rigole, tandis que là j'ai un millier de personnes pliées de rire chaque soir. Et qui retiendront la leçon. « Seigneur, que ta volonté soit faite ! »

Bon, mais je reviens au Palais des Glaces. C'est à ce spectacle que je revendique pour la première fois d'incarner le *vulgaire*. Tous les professionnels du rire m'ont bien prévenu : « Bites, poils, couilles, ne fais jamais ça, tu vas aller droit dans le mur. » Moi, il me semble qu'au contraire le vulgaire va me permettre de dire des vérités indicibles, de dédramatiser nos petites misères, de désacraliser les hiérarchies sociales, les positions des uns et des autres, et, au passage, d'apprendre au malheureux à rire de son malheur. Je veux dire qu'une fois à poil nous sommes tous semblables, traversés par les mêmes angoisses, rongés par les mêmes soucis minuscules. Il n'y en a pas un, qu'il soit blanc, noir ou jaune, qui vaille plus que l'autre. Et pour exprimer notre âme secrète, en bon explorateur que je suis, je vais aller regarder dans le slip. J'ai appris en thérapie qu'on pouvait tout dire, que c'est de cette façon qu'on parvenait à dépasser nos souffrances, nos inhibitions, et je vais tout dire sur scène.

L'éjaculateur précoce, je lance pour commencer, on va le laisser souffrir tout seul avec son boulet ? Moi, j'dis non. Et croyez pas que ça m'amuse, hein.

Je l'ai dit à la réunion des comiques. J'me suis pas gêné. J'ai dit : « Les gars, ça fait quatre ans que je fais le vulgaire, j'voudrais bien décrocher un p'tit peu, qui veut prendre le relais ? Personne ? » Personne mon vieux ! Alors j'dis, y'a des gens qui souffrent, et y'a personne pour s'en occuper. Personne, mon vieux ! T'aurais vu ça les Boujenah, les Bedos, alors eux ils sont dans leurs journaux, ça les intéresse pas le vulgaire. Bon, ben moi je vais vous dire un truc : « Vous êtes sympas, les copains, mais moi j'suis pas d'accord pour laisser souffrir des gens. Puisque personne veut le faire, le vulgaire, eh ben moi je m'y recolle, bordel à cul de putain de merde. Avec qui il va en parler, le gars, si moi j'en parle pas ? »

Et pour la première fois aussi, avec « L'entrée des taureaux », le sketch d'ouverture, j'évoque ma propre angoisse au moment d'entrer en scène :

Voilà, vas-y, fais rire maintenant. Je dis ça pour moi. Ben oui, parce que j'imagine que vous vous êtes dit : « Mon vieux, Bigard, il va débouler sur le plateau, il va nous sortir une grosse connerie d'entrée, et puis nous on va tous se marrer comme des baleines. » Ben oui, seulement l'ennui, c'est que la grosse connerie, ben j'l'ai pas ! Alors j'vais pas vous bourrer le mou, vous dire que j'en ai une ou quoi que ce soit. Ben j'l'ai pas, j'l'ai pas !

Alors après y'a plein de trucs drôles, c'est pas la question, seulement la grosse connerie du départ, celle qui dépouille tout le monde, celle-là, j'l'ai pas. Et pis c'est pas maintenant qu'j'vais la trouver, ça fait cinq mois qu'j'la cherche jour et nuit...

J'ai l'impression que vous vous rendez pas bien compte. C'est vrai que rentrer sur scène tout seul, comme ça, ben c'est terrible. Si on devait faire la comparaison, c'est un peu comme de rentrer dans une arène. Pas comme toréador, hein, comme taureau. Ben oui, c'est l'abattoir. Alors je sais, on va me dire, le taureau il fonce, il a pas peur. Il a pas peur, il a pas peur, pas tous les taureaux, hein...

Moi, quand j'entre sur scène, je suis comme un taureau qui aurait conscience du risque qu'il court, tout en espérant pouvoir sauver sa peau. Un taureau moins con que les autres, si tu veux. Je veux dire que chaque soir, c'est une question de vie ou de mort. Au Palais des Glaces en 1991, comme à mon premier Olympia, comme à Bercy, comme au Stade de France le 18 juin 2004, et comme au Zénith de Strasbourg où je joue ce soir, 20 mars 2007, tandis que j'écris ce livre. Une question de vie ou de mort, oui. J'ai connu des mecs qui discutaient tranquillement le bout de gras cinq minutes avant d'entrer en scène, et qui y allaient en sifflotant, comme d'autres vont au bureau. Moi, j'ai jamais pu. Quand j'apparais sur scène, ça fait douze heures, depuis l'instant où j'ai ouvert les yeux, que je divise mon trac par le nombre de secondes qui me séparent de ce moment. Je suis chauffé à blanc, j'ai tout oublié, porté par ce défi invraisemblable de faire rire ici un millier de personnes, là quatre mille, et au Stade de France cinquante-deux mille. Ils ont acheté leurs places depuis plusieurs jours, plusieurs semaines parfois, ils se sont déplacés pour moi, pour moi tout seul, tu réalises un peu ? Ils se réjouissent depuis longtemps de cette soirée, alors moi, dans les heures qui précèdent, je ne peux pas te dire combien je me sens en même temps bouleversé par leur confiance, investi d'une responsabilité qui pèse soudain des tonnes, et déjà perclus de culpabilité. Mon Dieu, dis-je, ils sont là, j'entends leur brouhaha dans l'arène, je t'en supplie, fais que je ne les déçoive pas. Je ne m'en relèverais pas, ça serait comme de mourir KO debout.

Et quand c'est parti, et que tu me vois rire sur scène, c'est pas que je ris de mes propres conneries, non, c'est que je ris de ce bonheur presque irréel de les voir lâcher le guidon. Ça y est, ils me font confiance, ils sont sûrs et certains qu'ils vont passer une bonne soirée, alors ils me laissent conduire. Et moi, j'ai le sentiment vertigineux de tenir dans le creux de ma main un millier de personnes, ou cinquante fois plus, mais alors peu importe le nombre, j'ai gagné, je ne les ai pas trahis, on va passer ensemble la plus belle soirée de notre vie.

J'occupe le Palais des Glaces pendant neuf mois avec mon *BIG ARD*. Plus de cent mille spectateurs viennent m'y applaudir. De sorte que j'enchaîne par une grande tournée à travers la France. Entre 1992 et 1993, je joue dans plus de deux cents villes. Et je termine en février 1993 à l'Olympia. Mon premier Olympia.

Entre-temps, le spectacle s'est extraordinairement bonifié. De jolis bourgeons ont fleuri, des mauvaises branches ont été coupées. C'est le même spectacle qu'au début, mais en même temps il est complètement différent. Chaque soir, attentif à l'enthousiasme du public, je l'ai amélioré. Et François Mitterrand lui-même a contribué à mon exécrable réputation de clown vulgaire en se disant choqué par l'un de mes sketches, « Les enculés de droite et les enculés de gauche ».

Ben moi, je vais vous dire en gros ce que je pense de la politique. Ce que je pense c'est qu'à gauche y'a les gentils, et à droite y'a les méchants. Quand on sait qu'on peut tous à un moment ou à un autre être un enculé, moi j'dis qu'à ce moment-là il vaut mieux être un enculé de droite qu'un enculé de gauche. Si le mot enculé vous gêne, on peut dire autrement. On peut dire un gars qui se laisserait aller à des malversations, tu vois, qui gaulerait un peu de pognon pour protéger un pote, avec des fausses factures... Enfin, on va dire enculé, à mon avis on va gagner du temps.

Ben moi j'dis qu'il vaut mieux être un enculé de droite qu'un enculé de gauche. Ben oui, parce que l'enculé de droite, il a un peu prévenu au départ, il s'est mis dans le camp des méchants. Si tu vois un gars de droite arriver derrière toi, tu vas dire attention, ce gars-là il risque de m'enculer, et méchamment. Tu serres les fesses, tu fais gaffe. Par contre, tu vois un gars de gauche arriver. T'es complètement détendu... le gars il est dans le camp des gentils ! Et le gars il arrive, et il t'encule quand même ! Bon, ben moi j'dis qu'il te la met beaucoup plus profond du fait que t'es détendu.

François Mitterrand, qui m'a vu faire ce sketch à la télévision, chez Sabatier, a aussitôt demandé à son ministre, Georges Kiejman, d'intervenir devant l'Assemblée nationale pour dire qu'on n'a pas le droit de laisser un humoriste traiter les représentants de la classe politique de « *sodomisés de gauche et sodomisés de droite* ».

Quand j'entends ça, je reviens à la télévision, à 20 h 30, après avoir acheté la dernière page de *Libé* pour y faire placarder ce bandeau : « Bigard est-il un enculé ? Vous le saurez ce soir à 20 h 30. »

Et je me pointe sur le plateau de télévision avec mon Encyclopédie Larousse.

« En tant qu'auteur, dis-je, je me sens trahi par les mots de Kiejman. Je n'ai pas dit " sodomisés ", j'ai dit " enculés ", donc j'aimerais bien qu'on respecte mon texte. Et pour savoir quel est le plus vulgaire des deux, j'ai apporté mon dictionnaire. À " *enculé* ", je lis : " terme d'injure grossière pour marquer le mépris que l'on a pour quelqu'un ". Vous noterez qu'il n'est pas question de coït anal. Tandis qu'à sodomiser, si ! Sodomiser, c'est la bistouquette dans le trou de balle. C'est très moche. Eh bien moi, je dis : Faut pas dire une chose comme ça à l'Assemblée nationale, monsieur Kiejman ! »

Le lendemain, tous les gens que je croise me lèvent le pouce : « Génial, ton truc à la télé ! »

Avant de sillonner la France avec *BIG ARD,* je l'ai consciencieusement labourée une première fois avec *Oh ben oui*, le spectacle qui m'a fait décoller au Splendid. Voyant que je démarre, mon producteur, Claude Fournier, a l'idée de m'envoyer en tournée. Pour ne pas prendre trop de risques, il me loue les plus petites salles, celles de cinq cents à huit cents places. Seulement, entre-temps, mon succès s'est confirmé, ma popularité considérablement élargie, de sorte que je joue devant des salles archicombles.

Pour moi, c'est formidable, parce qu'il n'y a rien de pire que de jouer devant une salle à moitié pleine. Le gars qui est assis à côté d'un siège vide, tu ne peux pas l'empêcher de penser qu'il a peut-être eu tort de venir. Tandis que si tu n'as plus un strapontin de libre, les gens sont tout à fait certains d'avoir fait le bon choix, et même ils se sentent un petit peu privilégiés puisqu'ils voient que tout le monde n'a pas pu entrer.

Mais, du coup, je dois multiplier les représentations pour répondre à la demande. Je fais parfois deux spectacles par jour, et je joue six jours sur sept. Il n'y a rien de mieux, pour découvrir ses forces et ses fragilités. J'apprends à m'échauffer avant d'entrer en scène, à dominer mon trac, à sentir le public, à gagner une salle. Parfois c'est facile, le public est d'emblée avec toi, tu as le vent dans le dos. Mais d'autres soirs, tu l'as dans le nez, et tu le sens tout de suite. Les gens sont un peu froids, ils ne rient pas comme tu le voudrais, ils ne sont pas complices. Alors il faut apprendre à rester cool. Si tu te crispes, si tu en donnes plus, tu vas envenimer la situation. Il faut apprendre à continuer, oui, dans le plaisir, dans la légèreté, tout en se disant : ils viendront quand ils voudront, et puis s'ils ne viennent pas, eh bien tant pis pour moi, tant pis pour eux. Mais ils finissent toujours par venir.

Alors je suis un artiste heureux. Je m'enivre de la scène, des rires du public, de ce marathon qui n'en finit pas, comprenant déjà vaguement que courir est pour moi le seul moyen d'échapper au chagrin. Je me vois dans cette tenue de marathonien, les muscles bandés, tout le corps meurtri par l'effort, tendu vers la ligne d'arrivée... seulement à l'instant où je relève la tête, où ça y est, c'est fini, c'est gagné, eh bien je me remets à souffrir comme un damné, et je n'ai qu'une hâte, c'est de remonter sur scène.

Entre le moment où nous avons signé les contrats pour cette première tournée, et la tournée elle-même, ma popularité a été multipliée par dix. De sorte que je ne touche pas les dividendes de mon succès tout neuf. Claude Fournier m'a vendu pour 20 000 francs. Sur ces 20 000 francs, il prend 60 % soit 12 000 francs, et me laisse 40 %, soit 8 000 francs. Mais en remplissant une salle de huit cents places, je fais une recette de 80 000 francs. Le propriétaire de la salle empoche donc, lui, 60 000 francs. Conclusion : c'est moi qui fais le spectacle, mais c'est moi le moins bien payé.

Pour la tournée *BIG ARD*, c'est à peine mieux, même si je me suis séparé de Claude Fournier pour travailler avec Jimmy Lévy. « Il est temps que tu pètes à la hauteur de ton cul », m'a dit Jimmy. Ça m'a bien plu cette phrase. Il voulait dire : il est temps que tu joues dans la cour des grands.

Cette fois, je fais donc le tour de France des salles de mille à mille cinq cents places, et de nouveau il n'y a plus un strapontin de libre. Comme si le succès allait toujours plus vite que les prévisions de mon producteur. Avec le recul, je mesure aujourd'hui ma chance. Jamais je n'ai brûlé les étapes, j'ai gravi tous les échelons, avant d'accéder aux salles de trois mille places et aux Zénith. Et c'est au fil de ces spectacles, devant des salles combles et ravies, que j'ai petit à petit conquis mon public. Celui que j'ai retrouvé au Stade de France, celui que je retrouve chaque soir de cette année 2007.

Il m'a fallu ces premières années pour apprendre à compter. Ou plutôt, pour accepter de me dire : c'est pas parce que tu as besoin de la scène pour survivre que tu n'as pas le droit de gagner ta vie. Lentement, je me suis mis à penser que si je valais quelque chose, comme le public me le signifiait par sa présence et ses applaudissements, je devais toucher le prix de ma valeur. Ça n'était pas vraiment le souci de m'enrichir, plutôt un souci d'équité, de justice. D'ailleurs, j'ai compris très vite par la suite que l'argent ne nous appartient pas. Que si Dieu nous en donne à profusion, c'est pour nous permettre de le redistribuer. Mais avant d'avoir compris cela, j'ai simplement voulu que les comptes soient justes.

C'est ce qui me pousse à demander à mon frère Jean-Pierre de venir s'occuper de mes affaires, au début de l'année 1993. J'ai 38 ans, bien des années se sont écoulées depuis la mort de nos parents et l'anéantissement de la famille, mais Jean-Pierre demeure toujours pour moi celui qui a réussi, la star de papa et maman. Je ne doute pas qu'il saura négocier intelligemment mes contrats et mettre de l'ordre dans mes comptes. Bien sûr, je pars plus secrètement à la conquête de son estime. Je rêve sûrement de lui prouver que contrairement à ce qu'il a longtemps cru je ne suis pas un « petit merdeux ». Mais jusqu'à quel point en ai-je conscience ?

D'ailleurs, cette année-là, je fais un truc bien tape-à-l'œil, dans la lignée de mon jacuzzi avec coucher de soleil : j'achète une Lamborghini « Diablo » jaune. Est-ce une façon de prouver à mon frère que j'ai réussi, ou une manière de lui dire que je compte bien rester un « petit merdeux » ? Je ne sais pas exactement. C'est peut-être juste une façon de gâter l'enfant qu'on porte chacun en soi. Gamin, je rêvais déjà d'entrer chez Ferrari ou Lamborghini, et de dire : « Bonjour, monsieur, je voudrais cette voiture-là, s'il vous plaît. » Les murs de ma chambre étaient couverts de posters de voitures de course.

C'est donc à peu près ce que je fais, je pousse la porte de l'agence Lamborghini, et je me mets à tourner autour des bagnoles, les mains dans les poches.

– Ah, monsieur Bigard ! Je peux vous renseigner, peut-être ?

– Oui, j'ai bien envie de m'offrir celle-ci, la jaune, là...

J'ai l'air sûr de moi comme ça, mais en réalité je tremble comme une feuille, je culpabilise à mort – comment est-ce que j'ose, venant d'où je viens ? Oui, mais en même temps, à l'instant où je me glisse sous le volant, je frissonne d'excitation, de bonheur. J'en ai la tête qui tourne.

Et je l'achète ! Un million et demi de francs, douze cylindres en V, quarante-huit soupapes. L'impression de se couler dans un cockpit d'avion, avec un monstre derrière, une armoire à glace...

J'ai juste oublié de déduire les impôts de mes revenus, de sorte que je dois emprunter et que je suis doublement content de voir arriver Jean-Pierre.

À moins que cette Lamborghini ne soit le jouet que j'aurais aimé offrir à cet enfant dont je rêve secrètement. Claudia doit être réopérée pour la troisième fois, et nous avons l'espoir qu'ensuite elle se rétablira enfin.

Mon désir d'avoir un enfant est très fort dans ces années-là. Par exemple, je me rappelle avec une émotion intacte ma rencontre avec des écoliers venus me voir au Palais des Glaces. Aussitôt après le spectacle, je m'étais assis au bord de la scène, et j'avais répondu à toutes leurs questions pendant une petite heure. C'était une classe de 4e, ils arrivaient du collège Célestin-Freinet à Sainte-Maure-de-Touraine. Je leur avais parlé de cette fameuse vulgarité, et de la façon dont je m'en servais pour dévoiler les secrets inavouables de l'âme humaine. C'était une rencontre magnifique, et de voir combien je communiquais sincèrement, et facilement, avec les enfants m'avait plongé dans la nostalgie d'être père. À la fin, François Rollin, qui nous avait écoutés dans l'ombre, était venu me dire combien il avait trouvé notre dialogue juste et émouvant.

Le principal du collège, Michel Bertrand, me l'avait confirmé par la suite dans une lettre que j'ai conservée. « Quelle belle leçon de pédagogie tu leur as donnée ! m'écrit-il. Je souhaite beaucoup qu'ils retiennent le couplet sur la vulgarité de l'âme qui se drape dans la délicatesse des mots. C'est très bien, en effet, de dénoncer le scandale qui consiste à s'effaroucher de la prétendue vulgarité des mots alors qu'ils traduisent en fait, à leur façon, une certaine délicatesse de l'âme. »

Claudia et moi serons-nous un jour des parents, une vraie famille, comme mon père et ma mère ? Pour le moment, nous sommes ce couple singulier qui n'habite pas sous le même toit, mais où l'un n'entreprend rien sans le dire à l'autre. J'ai installé Claudia dans un bel appartement lumineux, du côté de la porte Maillot, et moi j'achète une maison à Belleville, au fond d'une cour pavée. Une maison bien abritée, retirée du monde, en forme de tanière. La maison où je me planque encore aujourd'hui. Je ne me réveille jamais le matin sans penser à Claudia, qui dort là-bas, à l'autre bout de Paris. Après avoir traversé la tempête, avoir même cru à un moment que notre couple n'y survivrait pas, c'est une relation plus secrète et profonde qui a pris le relais. Grâce à nos thérapies, notre histoire se construit maintenant sur l'essentiel. Nous avons cessé de nous cacher derrière nos névroses, évacué les faux-semblants, les petits mensonges, les prétextes, pour cultiver une sincérité qui nous a révélés l'un à l'autre. Et qui a fait le vide autour de nous. Tiens, fais l'expérience de te débarrasser de tes névroses, de parler juste, d'oser dire exactement ce qui te traverse, et tu vas voir que tes amis, bien emmitouflés dans leurs névroses, vont te traiter de cinglé. C'est que subitement tu cesses de jouer la comédie, et que tu dis la vérité. Nous avons perdu des amis, mais plus que jamais nous sommes là l'un pour l'autre. Claudia est devenue mon point d'ancrage dans la vie, la seule personne dans le monde que je peux appeler à n'importe quelle heure du jour ou de la nuit, et qui trouvera les mots justes pour me réconforter.

Faute de construire une famille traditionnelle, j'essaie de sauver la mienne des décombres. Je crois qu'il y a ce désir aussi derrière l'arrivée de JeanPierre. Car, simultanément, je fais venir ma sœur Anne-Marie et mon beau-frère. Seule Martine, que j'aurais volontiers associée à mon équipe, choisit de rester à Troyes.

Il me semble que c'est une façon de leur dire : j'ai trouvé la source, ça coule en abondance, venez boire avec moi ! J'ai envie qu'ils profitent de ma réussite, et je suis sans doute fier d'être celui qui va combler le vide abyssal laissé par la disparition de nos parents.

C'est un rêve de Petit Poucet, une illusion d'enfant vouée à l'échec, et si j'avais été plus perspicace je l'aurais très vite compris en observant la perplexité de Jean-Pierre. Jean-Pierre, qui s'assoit dans les premiers rangs durant mes spectacles, et qui ne rit pas. Qui ne rit jamais. Je vois cela au début, depuis la scène, et moi aussi je suis perplexe. La salle se couche, comme un champ de blé sous une rafale de vent, et mon grand frère demeure très droit, lui, comme sidéré, presque choqué devant cette hystérie collective. Il tourne la tête de droite à gauche, du coin de l'œil il surveille ses voisins qui hurlent de rire, et il paraît complètement perdu, il a l'air de se demander : mais enfin, qu'est-ce qui leur prend, ils font semblant, ils jouent la comédie, ou quoi ?

La vérité, je le devinerai au fil des mois, c'est que Jean-Pierre ne peut pas croire que son petit frère soit devenu l'artiste qu'il découvre sur scène. Ça n'est pas de la malveillance, ni même de la jalousie, il n'y a pas plus honnête que Jean-Pierre, plus généreux que cet homme. Non, c'est simplement que nourri d'une image flatteuse de lui-même, et d'une moins flatteuse de son cadet, trop longtemps promis à devenir pompiste, Jean-Pierre ne parvient pas à intégrer que le modèle familial s'est finalement retourné. S'il l'admettait, cela pourrait signifier qu'il s'est trompé toute sa vie, d'une certaine façon. Que tous ses choix d'excellence, de sagesse, de respect du pouvoir et des hiérarchies se sont révélés trompeurs puisqu'un « petit merdeux », tout juste respectueux de la morale, est en train de le coiffer au poteau.

Jean-Pierre est commotionné. Si mon frère avait *vraiment* du talent, semble-t-il se dire, je l'aurais vu. Évidemment. Or je n'ai rien vu, c'est donc bien qu'il n'a aucun talent, en dépit de ces monumentales vagues de rire qui se fracassent tout autour de moi. C'est le syndrome du crocodile. Les chasseurs racontent que dès qu'ils l'ont maîtrisé en lui bloquant la mâchoire, le crocodile ne bouge plus. Comme si l'idée de se défendre, de se débattre, n'était pas dans son disque dur. Et tu sais pourquoi ? Parce que le crocodile n'a pas de prédateur, jamais personne ne l'attaque. S'il ne bouge pas une fois maîtrisé, à l'inverse des autres animaux qui vont se bagarrer dans la filoche jusqu'à crever d'épuisement, c'est tout simplement qu'il ne comprend pas ce qui lui arrive. Il est en état de commotion. Eh bien, Jean-Pierre est dans le même état, sonné par l'apparition soudaine et tardive d'une sorte de prédateur.

Une fois compris le phénomène, j'aurais dû très vite lui en parler et me séparer amicalement de lui. Au lieu de ça, je l'ai laissé prendre le pouvoir, reprendre la main sur moi, exactement comme quand on était enfants, et mon rêve de reconstruction et de réconciliation s'est terminé par une monumentale engueulade. Et une nouvelle rupture. Professionnelle, celle-ci.

Chapitre 8

C'est mon cinquième spectacle *100 % tout neuf* qui me fait exploser, au milieu de la décennie 1990.

Ça démarre par un tonnerre d'applaudissements, et une ovation : « Bi-gard ! Bi-gard ! Bi-gard ! », le tout préenregistré, naturellement, si bien que le public a le sentiment d'être complètement dépassé. Alors je peux le prendre à partie :

> Vous croyez pas que j'les mérite, moi, les applaudissements ? Attends, je vais vous expliquer pourquoi. Parce que cet été, pendant que vous vous pavaniez sur les plages, vous savez ce que j'ai fait, moi ? J'ai appris la culture ! Attention, quand j'dis que j'ai appris la culture, j'ai appris TOUTE la culture. De A à Z. C'est que la culture, ça s'apprend pas en quinze jours, hein. Trois mois, ça m'a pris, moi... Si, quand on part du CM2, faut compter trois mois pour être heu... Si, vous rigolez, mais en attendant, le résultat, il est là ! Ben oui... Avant, moi j'étais grossier, vulgaire, hein, et maintenant je me sens beaucoup mieux. D'ailleurs, j'étais pas très éloigné pour plein de trucs si tu regardes bien. Parce que quand j'ai attaqué la culture, j'ai attaqué par les grands penseurs antiques, Socrate,

parce que Socrate c'est la base, hein, oui, oui, le big boss... Ben regarde, moi j'étais sur le cul quand j'ai appris que ce mec-là, Socrate, il a rien écrit du tout. Ah, pas une ligne ! Il a rien branlé le Socrate ! D'ailleurs, tu vas dans une librairie, tu demandes un bouquin de Socrate, y en a pas ! Pas de cassettes, pas de cassettes vidéo, rien ! Même dans la collection « *Arlequin* », t'en trouveras pas ! C'est Platon, après, qu'a gratté. Un disciple à lui. Mais Socrate, il a rien branlé. D'ailleurs, en général, le philosophe antique, il en fout pas lourd, hein. Moi, j'ai étudié ça. C'est un gars, au départ, déjà, il médite pendant huit ans, tu vois ? Huit ans de méditation pure, hein. Il dit pas un mot. Et alors, au bout de huit ans, il sort une phrase du genre : « Un être en tant qu'être ne pourrait-il pas être autre qu'il n'est s'il n'explique pas lui-même son être ? » Et là, tous les autres autour, ils disent : « Génial ! Putain, on en a pour des siècles à réfléchir là-dessus ». Et c'est vrai qui y'en a qui se font encore chier avec cette phrase-là. Déjà, moi, je me suis fait chier rien qu'à l'apprendre, c'est pour vous dire...

Ensuite, les sketches s'enchaînent comme par miracle. Puisque c'est un spectacle culturel, on l'a compris au départ, je visite tout ce qui constitue notre tronc commun culturel, des « Films d'horreur » aux « Dix commandements », en passant par « La valise RTL », « Les misérables » de Victor Hugo, « Le permis à point » et les « Putains de pauvres ».

« Les films d'horreur », c'est un sketch que j'ai écrit avec Pierre Palmade sur cette idée que les réalisateurs nous prennent invariablement pour des cons. Qu'ils pourraient tout de même faire un petit effort pour que ça soit au moins vraisemblable.

C'est toujours une bande de jeunes qui loue une maison isolée du restant du monde à cause de la marée. Déjà un coin où on n'irait pas, nous... Eux, ils la louent. En plus, j'ai oublié de vous dire, y'a eu un carnage dans cette maison y'a quarante ans, dont manifestement tout le monde se branle. Ils ont 20 ans, y'a six gonzesses... Ils la louent. Le prix de la location, je m'excuse hein, la baraque... c'est toujours un petit château, genre trente-cinq pièces, pour deux cent cinquante francs le week-end... Je m'excuse, ça sent un petit peu la merde, hein, quand même... Ça fait même pas dix balles la piaule ! Je vous passe les détails sur le gars au début du film qui les amène en chaloupe... Ça fait toujours rigoler, chaloupe. Non, parce que j'ai dit que la maison était isolée à cause de la marée. Essayez de noter, hein... Le gars, au début du film, les amène en chaloupe. Normalement, il devait rester avec eux. Et puis bizarrement, il repart, au dernier moment, au moment où la nuit tombe, brutalement d'ailleurs, à 14 h 30. Ah oui, ils sont pas gênés avec ça. Surtout dans les *Dracula*. Les *Dracula*, faut pas y aller pour bronzer. C'est simple, le soleil il se lève à 11 heures, à midi et demi il fait nuit. Terminé. Ben oui, sinon comment tu veux qu'il les surprenne... Bref, un quart d'heure après le début du film, y'a huit morts ! Pas un rhume, pas une méningite, que des morts violentes. Des mecs grillés vifs dans la cheminée, deux cents kilos de Ketchup, des outils de jardinage, de la viande collée aux murs, partout. Bon, NORMALEMENT, il devrait s'installer une espèce de méfiance dans le groupe qui reste, quand même. Penses-tu ! Donc, à ce moment-là, je vous rappelle les chiffres : il reste quatre blaireaux, on est bien d'accord, hein ? Et à ce moment-là, le plus trapu des quatre, il dit aux trois autres : « J'ai entendu un bruit au grenier, un bruit à la cave, on va faire deux groupes de deux. » Je suis désolé, NON, personne ne fait deux groupes de deux à ce moment-là. Y'a déjà eu huit morts ! Ils feront deux groupes de deux un autre jour. Y'a des tas de jours où c'est agréable de faire deux groupes de deux. Moi j'vois, au Monoprix de Neuilly, l'autre jour, on a fait deux aux légumes, deux aux alcools, on a gagné un quart d'heure. Mais là, non ! On a huit potes morts, on n'est plus que quatre, je sais pas ce que vous en pensez, mais normalement on se met dos à dos sur la table du salon avec toutes les lampes électriques et on attend... C'est pour ça, moi, à ce moment-là du film, je suis désolé, mais j'me lève, et j'me barre. Alors je sais pas comment ça se finit, mais j'imagine qu'ils sont tous morts. Qu'est-ce que tu veux que j'te dise ? Y' aura plus qu'à attendre quarante ans pour qu'il y ait une autre bande de trous du cul qui la reloue, la baraque de merde. Parce qu'il faut bien faire le numéro deux. Et ça fera un autre carnage. C'est pour ça que j'dis, moi, j'vais plus voir des films d'horreur au cinéma, on nous prend trop pour des cons.

Et *La Valise RTL* ! Là aussi, on nous prend pour des cons. « V'là une honte qui dure depuis vingt-cinq ans ! » dis-je en entrée. Et c'est vrai que ce sketch-là, je l'ai écrit d'un trait, sous le coup de la colère.

Dégueulasse, *La Valise RTL*. RTL, tous les matins, ils appellent quelqu'un pour lui expliquer qu'il a paumé 50 000 balles. J'vais vous la faire, *La Valise RTL*, vous allez mieux comprendre.

C'est Fabrice. Tous les matins, il appelle quelqu'un au téléphone.

— Tut tut tut... J'appelle Mme Chombier dans le Vercors. Mme Chombier, deuxième sonnerie. Tut tut tut... Ah, elle est partie faire pipi Mme Chombier. Troisième et dernière sonnerie, Mme Chombier... Tut tut tut...

— Ah, bonjour madame Chombier ! Madame Chombier, c'est Fabrice à RTL. Madame Chombier, est-ce que vous pourriez me donner le montant de la valise RTL ?

— Ah, quel dommage ! J'écoutais à l'instant... C'était 47 601... Et j'ai été obligée de m'absenter cinq minutes.

— Ben oui, mais faut écouter RTL, madame Chombier !

— J'écoutais, c'était 47 601.

— Oui, mais on a rajouté depuis, madame Chombier.

— Oh, c'est dommage ! J'me suis pas absentée longtemps. Juste cinq minutes pour téléphoner à mon mari qui est à l'hôpital, justement, qui a un cancer de l'estomac et qui est dans la même chambre que mon petit garçon de 8 ans à qui on a coupé les deux jambes ce matin... Donc on aurait bien eu besoin de cet argent.

— Ben oui, mais vous écoutez pas RTL, aussi, madame Chombier.

— Mais si, j'vous dis, j'écoutais !

— Oui, alors, madame Chombier, essayez de me donner un chiffre. Vous n'êtes pas loin.

— 47 822 !

— Vous avez dit combien, madame Chombier ?

— 47 822.

— Vous avez dit 47 822 ?

— Oui oui oui.

— Aaaah, quel dommage madame Chombier ! C'est 47 828 ! Oh, à six francs près... C'est ballot, c'est ballot...

Vous avez déjà entendu Fabrice dire « C'est ballot » ?

— Madame Chombier, je vous rappelle la somme que vous avez perdue. Donc, c'est 47 828 francs. Allez, bonne journée, madame Chombier !

Dégueulasse ! Ce qui m'énerve là-dedans, c'est que les gens s'étaient inscrits nulle part, tu vois, ils voulaient jouer à rien, les gens, ils voulaient qu'on les laisse. Ben on les appelle quand même pour leur expliquer qu'ils ont paumé 50 000 balles !

Après ce sketch, RTL a changé les règles du jeu, et ils n'ont plus appelé que des auditeurs qui avaient donné leur accord.

100 % tout neuf remporte un égal succès à Paris, où je le présente au Gymnase Marie-Bell, et en province. C'est d'ailleurs durant cette tournée de plusieurs mois que je reviens pour la première fois à Troyes.

Depuis dix ans, j'ai systématiquement zappé ma ville. Je l'ai rayée de toutes mes précédentes tournées, soigneusement contournée, pris de vertige à l'idée de fouler les traces d'un passé dont les blessures ne cicatrisent pas.

Pourquoi est-ce que je me résous à ce retour ? Dans l'espoir peut-être de me réconcilier avec ma mémoire. Dans le droit fil de ma main tendue à Jean-Pierre et à mes deux sœurs. Après ma famille, ma ville. Les Japonais sont bien revenus un jour à Hiroshima. Moi aussi, je peux sûrement trouver la force de lancer des passerelles au-dessus du trou noir qui me saute à la figure lorsque je pense à Troyes. Et puis de passerelle en passerelle, me dis-je, je finirai bien par apprivoiser ma peur du gouffre.

Ça commence très mal. Une ambiance exécrable dès l'arrivée au théâtre. Tous les regards que je croise semblent me dire : « Non mais, pour qui il se prend celui-là ! » Mon équipe, ma sœur, mon beau-frère, tout le monde ressent ce truc pénible. J'ai l'habitude de boire un peu de bordeaux dans ma loge, jamais de bourgogne. Ma sœur a bien pris soin de préciser la chose. Eh bien, pour la première fois dans une tournée, je tombe sur une bouteille de bourgogne. « Oh, il va pas nous faire chier, Jean-Marie, on le connaît », rétorque le type auquel se plaint ma sœur.

Le spectacle fonctionne, bien sûr, mais je devine comme un sentiment de retenue, ou d'agacement, comme si la salle murmurait tout bas : « Attends, tu ne vas quand même pas nous faire le même cinéma qu'aux autres ! Pas à nous ! Nous, on est des Troyens, tes conneries, on les connaît par cœur. T'as oublié qu'on t'a connu au Tricasse, mon p'tit gars. On est ta famille ! On veut un truc spécial, on veut que tu nous parles un peu de ton enfance ici, de ta ville, de tout ce que tu nous dois... »

Avec le recul, je suis frappé par la similitude des comportements entre mon frère aîné et cette salle. L'un et l'autre campent sur cette incrédulité inoxydable propre à ceux qui ont le sentiment que tu leur appartiens. Ils t'ont connu « petit merdeux », ils ne peuvent pas admettre que tu t'en sois sorti. C'est la vieille histoire du voleur repenti racontée quelque part dans la Bible : si tu as volé, tu demeures à jamais un voleur dans l'esprit de ceux qui t'ont connu, et condamné. Les gens n'aiment pas que les autres changent. Ils vont répéter que tu es un voleur, ils vont attendre que tu voles de nouveau pour pouvoir s'exclamer : « C'est un voleur, on vous l'avait bien dit ! » De la même façon, ils ne peuvent pas avaler que parti de Troyes barman, rien du tout, quoi, je sois devenu une star. En affichant mon succès, ma réussite, je fais mentir cette conscience collective qui prétend savoir mieux que toi ce que tu vaux. Jamais je n'avais éprouvé à ce point combien est juste le mot de saint Luc : « Nul n'est prophète en son pays. »

Les deux jours que je passe ensuite à Troyes me confortent dans cette impression qu'ici je ne serai jamais rien d'autre que le barman du Tricasse. Je mange au restaurant, je bois quelques coups ici et là, et partout je retrouve des gars que j'ai connus derrière le zinc, au handball, ou au Bleu marine. Et partout ils ont cette façon particulière de me féliciter, tout en me regardant de haut comme si j'étais un faussaire, un tricheur. Le sketch des films d'horreur, ou celui du camion, tu sais, le mec qui s'en veut terriblement parce que s'il n'avait pas offert un café à son pote jamais celui-ci ne se serait fait écraser, eh bien ce sont eux qui en avaient eu l'idée. À l'époque déjà.

– Tu t'souviens pas, Jean-Marie, on en avait parlé de cette histoire ?

– C'était ton idée, tu veux dire ?

– C'était un truc qu'on se racontait en tout cas.

– Et tout ce que je fais, là, depuis quinze ans, tu me l'as soufflé aussi ?

C'est tout juste s'il ne faudrait pas que je reverse des droits d'auteur à toute la ville. Ce que je devine, au fil des rencontres, c'est qu'ils auraient tous pu faire comiques, finalement, si seulement ils y avaient pensé. Mais la roulette s'est arrêtée sur moi. « Putain, Jean-Marie, tu te rends compte le cul que t'as quand même ? À cinq centimètres près, ça tombait aussi bien sur moi. Et c'était moi le milliardaire ! »

Qu'est-ce qui me prend d'accepter un soir de retourner chez mes vieux potes, à Buchères ? Une ou deux années se sont écoulées depuis ce premier retour à Troyes si pénible. Je suis dans ma maison de Belleville avec quatre de mes vieux grognards, Patrick, Nono, Kiriako et Tops, quatre Troyens devenus parisiens, comme moi. C'est l'un d'entre eux qui propose soudain d'aller embrasser les gars de Buchères. Pourquoi pas ? Il m'arrive d'envoyer là-bas des petits cadeaux, une bouteille de gniôle pour chacun, histoire de montrer que je pense à eux. En plus, on est samedi soir, et il paraît qu'ils ont maintenu cette tradition de gueuletonner tous les samedis soir.

– Allez, Jean-Marie, avec ta voiture on n'en a pas pour plus d'une heure et demie.

– On va leur faire la surprise !

OK On saute dans la bagnole. On a pris soin d'embarquer des munitions – une dizaine de bonnes bouteilles... L'idée, c'est de passer la nuit avec eux, comme au bon vieux temps.

Moi, quelque chose me dit que c'est pas si simple. Je suis encore échaudé par la façon dont j'ai été accueilli avec mon *100 % tout neuf*. Alors je me répète tout bas : profil bas, Jean-Marie, tu te fais tout petit, tu arrives sous la moquette. D'accord ? Sous la moquette...

Ils sont tous là, joyeux, on débarque avec notre pinard, « Salut les gars ! Vous nous reconnaissez ?

Regardez c'qu'on vous a apporté... » Et d'un seul coup, je ne peux même pas te dire, une bourrasque de blizzard sur le Grand Nord ! Un froid de canard !

– Ben c'est que nous, hein. On est sacrément contents de vous voir...

– On voulait vous faire la surprise.

Silence de mort. On s'embrasse tout de même, mais la tension est palpable. Comme si on les empêchait de se marrer, de se laisser aller.

– Bienvenu, Jean-Marie, me lâche le propriétaire de la maison, mon vieil ami Éric.

J'entends plutôt qu'ils se seraient bien passés de ma présence.

À tel point qu'après avoir avalé un morceau dans cette ambiance, mon vieux Nono me glisse à l'oreille :

– Je crois qu'on ferait mieux de rentrer, je ne le sens pas de dormir ici.

C'est également l'avis des trois autres, et on se tire finalement avant minuit, sous la moquette, comme on était arrivés.

Le succès de *100 % tout neuf* est tel que je le reprends durant trois semaines à l'Olympia, en fin de tournée, deux ans après son lancement.

Mais quelque chose ne va pas, comme si un esprit malin plombait l'ambiance. Ça ne peut pas venir du spectacle qui marche du feu de Dieu – trois cent mille spectateurs l'ont déjà vu – c'est donc que ça provient de la salle elle-même. Oui, voilà, j'ai le sentiment, presque palpable, que le lieu nous résiste, qu'il nous est hostile.

L'équipe de l'Olympia, comme la mienne, partage ce sentiment. La salle est alors en pleins travaux, elle doit être refaite à l'identique, mais en attendant nous évoluons tous au-dessus d'une fosse de plusieurs mètres de profondeur. Alors, pour moi, il n'y a plus de doute : nous sommes victimes des mauvais trucs qui remontent des profondeurs. Je sais ce que c'est, il y avait un puits dans la maison où mon père a été assassiné, et cette maison était véritablement maudite. Son propriétaire s'y était suicidé, un voisin que nous avions hébergé avait failli y mourir, puis mon père...

Alors je fais une chose absolument insolite : je décide de demander son aide au bon Dieu. J'en parle aussitôt à Claudia, puis à Bruno, mon directeur technique. Lui aussi est conscient qu'on rame tous contre une force qui nous dépasse.

– Et si on priait tous ensemble ? dis-je.

Claudia acquiesce. Bruno réunit aussitôt mes p'tits Gremlins.

Les Gremlins, ce sont tous mes gars, ingénieux, rapides et drôles, comme les monstres du film culte de Joe Dante. C'est pourquoi je les ai surnommés « mes p'tits Gremlins ». Avec eux, je monte tous les soirs au front, et quand la salle est bonne, que le spectacle s'envole, ils vibrent avec moi, agitent une petite lampe dans le fond pour me le confirmer – « Bravo Jean-Marie, ça tourne du tonnerre ! » Sinon, ils ont le moral dans les chaussettes. Et là, c'est un peu le cas.

Quand ils sont tous dans ma loge, je résume la situation.

– Les gars, je crois qu'on sent tous qu'il y a dans cette salle des mauvaises ondes, quelque chose qui nous pourrit la vie. Alors, si vous êtes d'accord, on va tous se prendre par la main, et on va prier ensemble. Je suis certain que si on s'adresse sincèrement à Jésus, il va nous entendre et nous sortir de là. Qu'est-ce que vous en pensez ?

Et eux, en rigolant :

– Ben ouais, pourquoi pas ? C'est toi le patron.

C'est à la limite de la déconnade, et en même temps tout le monde se prend au truc. On se tient fort par la main, et je récite un *Notre Père*. « Notre Père qui es aux cieux, que Ton nom soit sanctifié, que Ton règne vienne, que Ta volonté soit faite sur la terre comme au ciel... » Et puis j'enchaîne avec ma demande : « S'il Te plaît, mon Dieu, on en chie sérieusement, là. Alors je Te le demande en notre nom à tous ici : fais quelque chose pour que cette mauvaise ambiance disparaisse ! Vas-y, fais-le s'il Te plaît. » On rigole un peu, et j'ajoute ce qu'il faut toujours dire à la fin d'une prière : « Que Ta volonté soit faite, Seigneur. Au nom du Père, du Fils, et du Saint-Esprit. »

« Je crois que j'ai été assez clair », dis-je à mes p'tits Gremlins quand on se lâche la main.

Alors Claudia allume un bâton d'encens, le passe autour de chacun d'entre nous, puis fait tous les sièges de la salle, de l'orchestre aux balcons, sans en oublier un seul. « Tu vas voir, me dit-elle, il va se passer quelque chose ce soir. »

Quand j'attaque le spectacle, deux heures plus tard, je sens tout de suite que les choses ont changé. Le bon Dieu nous a-t-il entendus ? En tout cas, la salle n'est plus la même. Elle est joyeuse, réactive, et, dès « Les films d'horreur », une monumentale vague de rire déferle sur la scène.

Bientôt, j'en viens au sketch du « Baptême ». J'explique que grâce à la technologie, on peut faire des baptêmes de tout, aujourd'hui, parachutisme, avion, élastique... et c'est pourquoi je choisis chaque soir un spectateur au hasard dans les premiers rangs pour lui faire faire son baptême de scène.

Ce soir-là, je tombe sur un certain Michel. Je l'avais repéré juste devant, la quarantaine, une main sur le genou de sa femme. Le baptême consiste à le monter sur mon dos et à le faire téléphoner chez lui. À l'instant où la personne décrochera, il est entendu qu'il dira : « Je suis sur les épaules de Jean-Marie Bigard. – Quoi ? Qu'est-ce que tu racontes ? » rétorque invariablement la personne à l'autre bout, ce qui précipite la salle dans des crises de fou rire à tomber par terre.

Comme chaque fois, je lui demande donc s'il y aurait quelqu'un chez lui qu'on pourrait prévenir en cas d'accident.

– Oui, me répond-il, chez moi il y a toujours en moyenne une quarantaine de personnes.

– Comment ça, Michel ? Pourquoi quarante personnes ?

– Parce qu'on vit en communauté. Je suis pasteur.

Pasteur ! Sur le coup, je suis tellement soufflé que j'interromps une minute le sketch pour prendre les gens à témoin.

– Je vais vous dire un truc. Tout à l'heure, on a fait une prière dans ma loge avec toute mon équipe. Parce que, comme on casse tout, là-dessous, on avait l'impression que de mauvaises vibrations remontaient. On a fait une prière à Jésus. Et regardez qui il m'envoie ? Un pasteur ! Je me retrouve à baptiser un pasteur ! Si c'est pas un signe, ça...

Puis je reprends le fil. On fait le sketch, Michel regagne sa place, mais au moment de s'asseoir, il se ravise.

– Jean-Marie ! Jean-Marie !

– Qu'est-ce qu'il y a, Michel ? Tu voulais me dire autre chose ?

– Je t'avais amené un cadeau, je peux te le donner ?

– Ouais, donne !

Je le vois fouiller dans les poches de son manteau, et il me tend un paquet. C'est manifestement un livre.

– Oh, une bouteille ! Merci, Michel, je la fumerai tout à l'heure.

Et puis j'enchaîne.

Arrivé dans ma loge, une heure plus tard, le cadeau m'attend. Je l'ouvre, c'est bien un livre, un livre qu'il a écrit lui-même sur sa vie en communauté. Et sur la page de garde, il m'a mis cette dédicace : « Je prie pour vous. Ne craignez rien, Dieu est avec vous. »

Tu le prends comme tu veux, mais pour moi c'est un signe extraordinaire. Le signe que nous sommes bel et bien dans la main de Dieu, et tous étroitement reliés les uns aux autres.

Avec les années, ma foi s'est renforcée. Et Claudia la partage. Nous croyons tous les deux que la vie a un sens, que nous ne nous sommes pas rencontrés par hasard, et qu'après la mort bien d'autres aventures nous attendent. Mais pour le moment nous sommes sur terre, et notre tâche, pensons-nous, consiste à surmonter les épreuves qui nous sont envoyées pour découvrir le chemin que le Seigneur souhaite nous voir emprunter.

C'est pour nous aider à le découvrir que nous ne passons pas un jour sans prier, et que Claudia se rend cette année-là dans un ashram, près de New York. Un ashram est un lieu habité par un grand maître indien – en l'occurrence Chidvilasananda –, où l'on peut séjourner quelque temps pour se rapprocher de Dieu, grâce au silence et à la méditation.

Ce voyage est resté gravé dans nos mémoires car il s'y passe deux événements qui vont nous conforter dans notre foi.

Une femme ouvre la porte à Claudia. Claudia se présente, entre, fait quelques pas, et tombe immédiatement en arrêt devant une statue qui occupe le centre de la pièce.

– Oh ! fait-elle, j'ai déjà vu cette... cette chose...

Et Claudia pâlit parce qu'elle vient de reconnaître la créature qui voulait l'emmener lorsqu'elle se trouvait en réanimation à la clinique de Saint-Tropez. La créature qu'elle n'avait pas suivie, finalement, parce que je la retenais de toutes mes forces par la main...

– Vous avez déjà vu cette figure ? s'enquiert la femme.

– Oui, je suis passée tout près de la mort, et c'est elle qui m'est apparue au moment où il m'a semblé que je quittais ce monde.

– Alors vous avez vu Shiva, dit la femme, vous avez vu Dieu. Cette statue est une représentation de Dieu.

Pour Claudia, c'est un choc profond. Elle revit la scène de sa mort, elle se remémore ce que lui avait dit la voyante, au Brésil : « Je ne comprends pas ce que vous faites sur terre parce que normalement vous êtes morte à 28 ans », et elle a maintenant la certitude qu'elle s'est trouvée ce jour-là au contact de Dieu. Nous croyons en sa présence, nous sommes plusieurs milliards à Le prier quotidiennement, mais combien L'ont vu ? Combien sont entrés dans Sa lumière pour revenir ensuite parmi nous ?

Et pourquoi le Seigneur, après avoir laissé Claudia venir si près de Lui, a-t-Il finalement renoncé à l'emporter vers l'au-delà ? Parce que je la retenais ? Non, je ne suis pas de taille à contrer la volonté de Dieu. Plutôt, se dit Claudia, parce que la retenir comme je l'ai fait était une façon de Le supplier, peut-être la plus désespérée des prières. Alors Il avait consenti, Il lui avait rendu la vie. Mais penser cela, c'est nous faire porter une immense responsabilité à tous les deux : que faisons-nous de ce cadeau depuis la *résurrection* de Claudia ? Sommes-nous à la hauteur du sursis que nous a accordé le bon Dieu ?

C'est parce qu'elle est plongée dans ces réflexions que Claudia en vient à parler de moi. Alors, la femme l'encourage, et Claudia lui montre une photo de moi.

– Oh, dit-elle, votre mari a un blouson en plomb !

– Pourquoi dites-vous « en plomb » ? s'étonne Claudia.

– Parce qu'il porte une lourde charge sur ses épaules.

– Vous voyez cela ?

– Je le vois, oui. Je vois que pour cet homme la vie est un fardeau, et qu'il lui faut beaucoup de force et de courage pour avancer sans trébucher.

Quand Claudia me raconte cette scène, quelques jours plus tard, je suis à mon tour très troublé. Moi aussi, je me demande si je suis digne de la grâce que m'a accordée le bon Dieu en me laissant Claudia. Et c'est peut-être à ce moment-là que surgit en moi l'idée de *L'Âme sœur*, mon premier film. L'histoire d'un homme et d'une femme qui se cherchent depuis des millénaires, qui sont faits l'un pour l'autre, mais qui doivent lutter pied à pied contre le destin pour parvenir à s'aimer. Est-ce que Claudia, que j'ai retenue par la main, ne serait pas mon « âme sœur » ?

L'anecdote du blouson, en forme de prophétie, ne me laisse pas non plus indifférent. Je réalise que ce blouson, que je porte depuis vingt ans, j'y tiens comme à un vieux copain qui ne m'aurait jamais trahi, qui aurait toujours été là, sur mon dos, dans les moments les plus difficiles. Depuis combien de temps vivons-nous ensemble, lui et moi ? J'ai fait refaire les poches deux ou trois fois, réviser les coutures, changer la doublure. Une fois par an, je lui passe une couche de cirage...

Je me mets à le soupeser, et c'est vrai qu'il est incroyablement lourd ! D'ailleurs, ça n'est pas la première fois qu'on me le dit. Mais pourquoi ? Est-ce qu'un esprit malin aurait tricoté dedans mon destin ? Ce destin dont j'ai compris depuis longtemps qu'il avait la densité du plomb, en effet...

Bien des années passent encore, et je porte toujours courageusement le même blouson quand je me décide à écrire ce livre, cet hiver 2007.

J'en suis là, au passage que vous venez de lire, quand je sors prendre l'air, rue de Belleville, mon blouson sur le dos. Je croise un copain, en train de discuter avec un autre gars que je n'ai jamais vu. Je m'arrête, on échange quelques mots, et soudain le gars me dit :

– Dis donc, tu ne me vendrais pas ton blouson, par hasard ? Ça fait des années que je cherche le même...

– Que je te vende mon blouson ? Tu rigoles ! C'est mon plus vieux copain. Demande-moi ce que tu veux, mais ne me demande pas mon blouson.

– Pourtant, y'aurait pas de débat sur le prix, hein.

– Attends, pour rien au monde je ne m'en débarrasserais. Pour rien au monde. Il n'a pas de prix mon blouson !

Et on se quitte là-dessus.

Le lendemain, en ouvrant les paupières, je réalise ce qui m'apparaît comme une coïncidence extraordinaire : j'écrivais l'histoire de mon blouson, je disais combien il semblait chargé de toutes mes épreuves, de tout mon destin, et voilà que sortant dans la rue je tombe sur un type qui propose de me l'acheter ! Comment n'ai-je pas mis immédiatement les deux événements en relation ? J'aurais dû le lui donner, me dis-je en rigolant tout seul, et j'aurais peut-être largué avec tous mes emmerdements.

Le surlendemain soir, je vais au théâtre, et qui je vois, assis juste devant moi ? L'abbé Letteron ! Deux rangs derrière, deux rangs devant, on se serait ratés. Mais là, juste devant moi, comme par un fait exprès : l'abbé Letteron ! À l'entracte, je lui raconte mon histoire de blouson. Et plus je parle, plus je vois son visage s'illuminer.

– Jean-Marie, s'exclame-t-il à la fin, est-ce que tu as bien lu la Bible ?

– Pas trop mal, oui. Pourquoi ?

– On te demande ton manteau, donne-le ! Tu ne vois pas que c'est un signe ? C'est Dieu qui te dit : « Libère-toi de ce fardeau, lâche-le, offre-le, et tu te sentiras bien d'avoir fait ce geste. »

– Tu crois ?

– Mais bien sûr ! C'est un vrai signe ! Il faut absolument le donner...

Dès le lendemain matin, j'appelle mon copain de la rue de Belleville. Il me donne le téléphone de son pote que je sors du lit.

– Pour le blouson, j'ai réfléchi, je te le donne.

– Tu me le donnes ! Mais pourquoi ? J'ai de l'argent, je peux te le payer...

– Non, je ne veux pas d'argent. Je voudrais juste qu'en échange tu fasses une bonne action, pour laver le blouson, tu vois, pour que tu n'embarques pas tous mes emmerdements avec. Un peu comme on donne une pièce de monnaie quand on t'offre un couteau.

– OK, je sais ce que je vais faire, je vais acheter vingt repas pour les mecs qui campent le long du canal Saint-Martin.

On convient d'un rendez-vous, je raccroche, et brusquement je me remémore ce qu'il m'a dit. Il va porter des repas aux gens du canal Saint-Martin. Saint Martin, n'est-ce pas justement celui à qui l'on demande son manteau, et qui le donne ? C'est hallucinant, tout se passe comme si chaque mot, chaque événement, chaque geste avait un sens.

Je lui donne mon blouson.

Quelques jours plus tard, il me rappelle.

– Jean-Marie, je vais te raconter une histoire. Il y a quelques années, je rencontre Jean-Paul Belmondo. Il porte une veste en peau couleur fauve, magnifique. « Votre veste est vraiment géniale, je lui dis. – Vous ne risquez pas de trouver la même, elle vient d'Italie, c'est un modèle unique. » On se quitte, il va vers sa voiture, et brusquement, au moment de monter, il se ravise. Je le vois vider les poches de sa veste. Alors il revient vers moi : « Tenez, je vous la donne. »

– Ouais, et pourquoi tu me racontes ce truc ?

– Parce que je voudrais te la donner à mon tour, la veste de Belmondo.

Voilà, je lui ai donné mon blouson, et il me donne sa veste. Pour moi, le message est clair : rien de ce que nous possédons sur terre ne nous appartient. Ni l'amour, ni la richesse, ni notre manteau. Si Dieu nous donne à profusion, c'est pour qu'à notre tour nous donnions.

Chapitre 9

Le succès de *100 % tout neuf* m'ouvre les portes du cinéma. L'écrivain et cinéaste Alexandre Jardin est venu me voir sur scène, et il est le premier à me promettre une grande carrière de comédien. Il est enthousiasmé, très excité, ne comprenant pas comment le cinéma a pu si longtemps m'ignorer. Lui me propose immédiatement un rôle dans son second long métrage : *Oui*. Puis Roger Planchon, un des ténors du théâtre français, me confie un rôle sur mesure – celui d'Aristide Bruant – dans *Lautrec*, où Claude Rich et Anémone tiennent l'affiche. Bientôt, Claude Lelouch me sollicite à son tour pour jouer dans son prochain film *And now... ladies et gentlemen,* dont les premiers rôles seront tenus par Patricia Kaas et Jeremy Irons.

Le cinéma m'attire énormément, c'est un autre monde, un monde où il faut apprendre à composer avec soi-même, à s'incarner dans une autre peau, et j'accueille avec enthousiasme tout ce qu'on veut bien me proposer. Cependant, je rêve de mettre dans un film ce que j'ai compris de la vie à travers ce que m'en a révélé la foi. Depuis qu'elle a vu la mort de si près, et que je l'ai retenue par la main, Claudia et moi vivons avec le sentiment très fort d'être reliés l'un à l'autre. Mais reliés par un lien qui nous échappe, qui ne dépend pas de nous. Comme si, dans l'au-delà, le bon Dieu nous avait depuis bien longtemps destinés l'un à l'autre. D'ailleurs, comment ne pas voir la main du Seigneur dans ce drôle de *hasard* qui a voulu que nos chemins se croisent un soir, à Opio, alors que Claudia a vu le jour au Brésil, et moi aux antipodes ? Oui, le hasard, me dis-je en reprenant une citation célèbre, est en réalité le véhicule qu'utilise Dieu quand il veut voyager incognito.

C'est en m'inspirant de notre destinée que j'écris donc le scénario de *L'Âme sœur*, avec Christian Biegalski, Philippe Isard et Patricia Levrey pour les dialogues. Comme pour le sketch du camion, je me dis que la meilleure façon de raconter une histoire grave, traversée de phénomènes irrationnels, puisque d'essence divine, est de le faire avec humour. Sinon, qui va avoir envie de m'écouter ? De souffrir et de pleurer avec moi ? L'idée plaît à Jean-Claude Fleury qui avait produit *Oui*, et il accepte de porter mon projet.

C'est donc l'histoire extraordinaire de Rémi (moi) et Valentina (Yvonne Scio). La première scène se déroule sur un nuage. Ils surgissent main dans la main devant le vieux Balthazar, en charge des réincarnations.

– Ça fait deux mille ans qu'on s'aime, disent-ils, cette fois, on voudrait bien se retrouver au même endroit.

– Pour votre insolence, rétorque Balthazar, vous renaîtrez sur terre aux antipodes l'un de l'autre. L'un dans un bidonville en Argentine, l'autre dans une roulotte en Chine...

Protestations, bousculade, mais le vieux ne veut rien entendre, et ses sbires séparent les amoureux pour les balancer dans le vide sidéral.

– S'ils se croisent un jour, ces deux-là, s'exclame Balthazar, ça va faire des étincelles !

Ils se croiseront, et ça fera des étincelles, en effet. Assassinée, Valentina retrouvera la vie grâce à l'amour de Rémi, sidéré par le pouvoir mystérieux qui lui a été donné, car « si deux êtres s'aiment d'un amour pur, a prophétisé Balthazar l'Ancien, l'un des deux pourra redonner la vie à son âme sœur ».

Je tourne *L'Âme sœur* en juillet 1998. C'est mon premier film comme réalisateur. Le premier également où je tiens la vedette (à part égale avec Yvonne Scio). Je viens de labourer la France, j'ai joué partout devant des salles combles, trois cent mille personnes ont applaudi mon spectacle, je me dis que tous ces gens qui m'aiment vont évidemment se précipiter pour me découvrir à l'écran. D'autant qu'une place de cinéma est à peu près cinq fois moins chère qu'une entrée pour me voir sur scène.

Le 7 avril 1999, jour de la sortie, on s'installe au Fouquet's, toute l'équipe du film, et on attend les premiers chiffres avec optimisme. Ils tombent à 14 h 15 : moins de deux cents entrées pour les premières séances, alors que pour la seule ville de Paris nous sommes à l'affiche dans trente salles. Le cauchemar ! À la minute, je sais que c'est foutu, mort et archimort.

C'est un coup sur la tête phénoménal. Depuis plus de deux ans, entre l'écriture, le tournage et le montage, je ne me suis consacré qu'à ce film, je n'ai pratiquement rien fait d'autre. Je n'ai pas écrit de nouveaux sketches, je ne suis plus monté sur scène, je n'ai pas le plus petit début d'un spectacle en réserve. En d'autres termes, je suis ruiné, KO debout.

Cet après-midi, je le passe à espérer un miracle malgré tout. Mais les chiffres suivants ne font que confirmer la catastrophe. Ce n'est pas que les gens n'aiment pas le film, c'est tout simplement qu'ils ne viennent pas le voir. Sur cinq séances, dans un cinéma de Bordeaux par exemple, pas une entrée ! Dans les autres, quelques dizaines ici ou là, mais rien. Comme si les gens ne faisaient pas le lien entre le clown de *100 % tout neuf* et l'acteur, pourtant clairement identifiable sur l'affiche du film. À moins que faisant le lien, ils ne veuillent me signifier que s'ils m'aiment comme artiste sur les planches, je ne les intéresse pas, mais alors pas du tout, dans une histoire qui semble baigner dans le surnaturel et les bondieuseries. Je termine l'après-midi ivre mort, fracassé, et je ne serais même pas capable de dire qui me ramène ce soir-là jusqu'à ma maison de Belleville.

J'y passe tout le mois d'avril sans mettre le nez dehors. Je ne dessoûle pas. Je ne vois plus le jour, je me suicide à petit feu sans parvenir à me tuer complètement. Les rares nouvelles qui me parviennent, quand je suis suffisamment lucide pour décrocher le téléphone, confirment toutes la bérézina. Le film n'est plus à l'affiche... il ne se joue plus que dans quelques salles... il est probable qu'il n'atteindra même pas les soixante-dix mille entrées... je suis à découvert de deux millions de francs...

C'est une épreuve terrible, que je ne parviens pas à surmonter les premiers temps. Elle s'ajoute à la découverte de mon diabète, un an plus tôt, à la veille du tournage. Cette maladie, si lourde à gérer au quotidien, m'a d'abord désespéré, puis révolté, et finalement je l'ai acceptée comme un cadeau du ciel. Une façon pour le bon Dieu de me signifier que mon corps est fragile, que je dois en prendre soin si je veux pouvoir accomplir tout ce qu'Il me réserve sur la terre. Quoi de mieux que le diabète pour mesurer combien chaque excès épuise ton organisme ?

J'ai donc reçu cette maladie comme un signe divin, secrètement convaincu qu'elle disparaîtrait lorsque je serais devenu assez fort pour rompre avec mes appétits, avec tous ces désirs qui nous assaillent, et accéder enfin à la sagesse. Je connais le chemin de la sagesse, je lis chaque jour une ou deux pages de la Bible, ou quelques enseignements de mon maître indien, mon Baba, mais la vérité, c'est que je ne suis pas encore prêt à me priver de quoi que ce soit, et c'est pourquoi le diabète est comme une alarme intérieure qui m'aide à me protéger de moi-même.

Il ne m'est plus d'aucun secours durant ce mois d'avril 1999 où je veux en finir. Le mois de mai me surprend dans ma tanière, ahuri, décalqué, mais toujours vivant. Les arbustes de mon petit jardin ont fleuri, le gazon me grimpe jusqu'aux chevilles, et je regarde passer mon anniversaire, le 17 mai, traditionnellement difficile à vivre, dans un abattement crépusculaire.

Pourquoi est-ce que je décide soudain d'arrêter la dégringolade ? Un jour, Claudia me regarde bien droit dans les yeux : « Jean-Marie, maintenant, je crois que tu vas mourir si tu continues. Est-ce que c'est vraiment ça que tu veux ? »

À ce moment-là, je suis comme un poisson qui aurait sauté sur la rive. Je suis à cinquante centimètres du bord de la rivière, j'agonise depuis des jours, mais il me reste encore suffisamment de force, ou de fierté, pour tenter un ultime petit bond qui pourrait me remettre à l'eau. Oui, en rassemblant toutes mes forces, tout mon courage, je pourrais donner cet ultime coup de rein.

Et je décide soudain de le donner. Dans un dernier sursaut d'orgueil, je crois. Pour ne pas mourir sur un échec.

Le lendemain, j'appelle mon tourneur :

– Prépare-moi une tournée de rodage pour l'automne, je vais écrire un nouveau spectacle.

– Tu vas écrire un spectacle ? Là, d'ici l'automne ? Mais on est déjà le 25 mai, Jean-Marie.

– Ouais, et alors ?

– Tu es sûr que tu auras le temps ?

– Prépare-moi une tournée, ne te fais pas de souci pour le reste.

Et je me mets au travail avec la rage, la folie de celui qui n'a plus rien à perdre. Qu'est-ce que je risque ? Je suis ruiné, j'ai tout perdu. Je me dis : ça passera, ou ça cassera. Et si ça casse, eh bien, cette fois, je n'aurai vraiment plus qu'à mourir. Je sais déjà qu'il n'y a qu'un titre possible pour ce spectacle, ça sera : *Bigard met le paquet*. Parce que je vais tout donner, tout tenter, et que ça sera ça, ou rien ! Au fond de moi, je suis terriblement en colère. Pourquoi ces gens qui me donnent leur amour depuis des années ne se sont-ils même pas déplacés pour voir mon film ? Pourquoi m'ont-ils *trahi* ? Comment ont-ils pu me faire ça, à moi qui les aime, à moi qui ai tellement besoin d'eux pour survivre ? M'ignorer, m'oublier, me *trahir*, après m'avoir ovationné ?

Porté par cette rage intérieure et cette colère contre le monde entier, je me lâche comme jamais je ne me suis lâché. Je n'écoute plus aucun conseil, je ne fais plus aucun compromis avec qui que ce soit, je fonce tout droit vers ce qui me fait rire, et tant pis si ça choque, et tant pis si les gens n'aiment pas, au moins, s'ils m'abandonnent, je saurai pourquoi, cette fois. Il est évident que jamais je n'aurais pu créer un spectacle aussi fort, aussi libéré de toute contrainte, si je n'avais pas été tué à terre par l'échec de *L'Âme sœur*.

J'en suis là, en pleine tension, travaillant jour et nuit, et je n'ai pas écrit encore plus de deux sketches, quand je reçois un coup de fil de mon frère.

– Jean-Marie, il se passe un truc incroyable, je viens de recevoir les premiers chiffres pour ta tournée : on a déjà vendu quarante-cinq mille places !

C'est une telle émotion que je reste un moment cloué sur ma chaise.

– Tu m'as entendu, Jean-Marie ? T'es toujours là ?

Je suis toujours là, oui, mais en larmes. Incapable de dire quoi que ce soit. Jamais je n'ai vendu autant de billets à l'avance. Après avoir zappé mon film, et sans même connaître un seul sketch de mon nouveau spectacle, les gens se précipitent pour acheter leurs places. Comment ai-je pu croire qu'ils ne m'aimaient plus, qu'ils m'avaient abandonné ? Ils sont là, ils m'attendent, ils me font confiance, et ils viennent de me le signifier de la plus belle façon qui soit : en me donnant la main pour un voyage dont je n'ai même pas encore décidé l'itinéraire.

En fouillant dans mes agendas de l'époque, il me revient que c'est à cette période qu'intervient un événement qui me donne une pêche incroyable et m'apparaît aujourd'hui, avec le recul, comme un autre signe du ciel.

Quelques jours avant le tournage de *L'Âme sœur*, j'ai fait la connaissance du professeur David Khayat, cancérologue à l'hôpital de la Salpêtrière. On m'a sollicité pour une grande soirée de collecte de fonds pour la recherche contre le cancer, et j'ai répondu favorablement. Il y a là peut-être six cents personnes, des artistes, des ministres, des banquiers, le Tout-Paris, et l'enjeu est de parvenir à ce que chacun donne le plus possible. Je dois prendre la parole pour inviter les convives à ouvrir leurs portefeuilles, et le professeur Khayat, organisateur de la manifestation, vient donc me voir un peu avant.

Nous échangeons quelques mots. On ne se connaît pas, mais je l'aime déjà pour ce qu'il fait.

– Tu vas voir, tu repartiras de là millionnaire contre le cancer, lui dis-je.

– Comment vas-tu t'y prendre pour convaincre les gens de donner ?

– Je vais leur répéter ce que dit mon maître indien : « L'argent a ceci de comparable avec le fumier que si on le laisse en tas, il pollue l'air, mais si on le disperse dans le champ il donne des moissons merveilleuses. »

– C'est une phrase magnifique. Et tellement juste !

J'ouvre mon petit laïus avec, et puis je ne lâche plus le micro, et j'obtiens de tous ces gens, dont certains ont des oursins dans les poches, qu'ils se délestent de quelques gros billets.

– Merci, je n'oublierai jamais, me dit ce soir-là le professeur Khayat. Sache qu'à partir de maintenant, tu peux me demander ce que tu veux, je serai toujours là pour toi.

On se quitte sur ces mots.

Une semaine plus tard, alors que je me trouve chez Claudia, on sonne à la porte.

C'est la gardienne portugaise, flanquée d'un homme d'une quarantaine d'années, taillé comme un bûcheron, qui porte une grosse écharpe autour du cou.

– Jean-Marie, me dit-elle, je te présente mon neveu. Il est venu à Paris parce que les médecins, au Portugal, lui ont dit qu'il était condamné. Ils ne lui donnent pas plus de six mois.

– Comment ça, condamné ? Qu'est-ce qu'il a ?

Alors le gars enlève son écharpe, et je vois qu'il a sur le cou une boule de la taille d'un melon.

– Un cancer de la gorge, me dit la gardienne.

– Merde, c'est incroyable cette coïncidence ! Je viens de faire la connaissance du professeur Khayat, un des plus grands cancérologues français.

Le lendemain, j'appelle David Khayat.

– Envoie-le-moi tout de suite, me dit-il, je vais le prendre hors consultation.

Et le soir même, David me rappelle. Il me confirme que l'homme est condamné si aucun traitement n'est entrepris. Lui veut bien le prendre dans son service mais, étant étranger, le malade doit disposer d'un certain formulaire européen pour être hospitalisé et soigné en France.

Je préviens sa tante, et son neveu décide alors de repartir pour le Portugal chercher le fameux formulaire.

Pris dans la sortie catastrophique de mon film, j'ai complètement oublié le neveu de la gardienne. J'émerge tout juste de ma descente en enfer, quand je le trouve debout sur le pas de ma porte.

Il sort de la consultation du professeur Khayat. Il m'explique qu'il n'a pas pu obtenir le formulaire européen, et qu'il n'a pas le premier sou pour payer son traitement.

– C'est combien, ce traitement ?

– Trois cent mille francs.

Je vois ses yeux, sa détresse, et je me dis, bon, je dois trouver cet argent, je vais le trouver.

Et j'appelle David Khayat.

– Attends, me dit-il, réfléchis, pourquoi tu donnerais trois cent mille francs à quelqu'un que tu ne connais pas ? Il faut tout de même que tu saches qu'il a 40 % de chances d'être à peine prolongé, et 10 % seulement d'obtenir une rémission.

– David, la question n'est pas de savoir si je le connais ou pas, et je me fous de ces pourcentages. Cet homme-là est venu frapper à ma porte, tu comprends ? S'il était passé sous mon balcon avec son cancer, je ne te dis pas que je lui aurais balancé trois cent mille balles par la fenêtre. Mais il est venu frapper à ma porte ! Il est venu m'appeler au secours, David, moi, et personne d'autre. Si je suis un tout petit peu croyant, et je le suis, je ne me dis pas que cette personne a sonné chez moi par hasard. Non, la vérité, c'est que Dieu me présente un projet, et que je ne me sens pas de lui rétorquer : « Ben, je suis désolé, Seigneur, hein, mais pas en ce moment. En ce moment, je suis un peu juste. Une autre fois peut-être, et merci quand même d'avoir pensé à moi. »

Je ne suis pas un peu juste, je n'ai plus un rond, et un découvert qui s'est encore creusé à la banque.

Je téléphone à mon frère.

– Jean-Pierre, on va encore creuser le trou un peu plus, mais tant pis, faut que tu me trouves trois cent mille balles.

– Tu plaisantes ?

– Non. Mais ne te fais pas de souci, j'écris des sketches formidables, on va s'en sortir.

Le surlendemain, je dépose l'argent, et le neveu de la gardienne reçoit aussitôt sa première chimiothérapie. C'est à ce moment-là que je découvre son nom : Juan de Deus, Jean de Dieu ! Ça ne s'invente pas. « Merci, Seigneur, dis-je, j'ai compris. »

Je lui rends visite le soir, chez sa tante. Je le trouve en train de vomir de la bile, incarnation vivante de la souffrance. Il ne sait pas comment me remercier, alors je lui dis pour déconner :

– Juan, essaie de vivre, s'il te plaît, parce que franchement ça me coûte un maximum !

Il trouve la force de me sourire, et on se serre la main.

Trois mois se sont écoulés quand il me rappelle. Je suis avec Claudia ce soir-là, et comme il ne parle pas bien le français et que le portugais est leur langue commune, c'est elle qui le prend au téléphone. Je me souviens des larmes de Claudia, et puis des miennes, quand elle me traduit. Il dit qu'il est sauvé, que le professeur Khayat a obtenu une rémission complète, qu'il se sent tellement heureux pour sa femme, pour ses deux jeunes enfants... Mon Dieu, on ne savait même pas qu'il avait une famille, là-bas, au Portugal.

« Rémission complète, me confirme David. Je t'avoue que je n'y croyais pas beaucoup. »

Plus tard, quand ils nous rendront visite tous les quatre, et que j'entendrai la jeune femme dire à ses enfants : « Regardez, c'est le monsieur qui a sauvé papa », j'aurai du mal à ne pas me remettre à pleurer. De toute ma vie, je ne crois pas avoir reçu un tel cadeau.

Tout cela pour expliquer combien je me sens porté par le destin durant ces quelques mois où j'écris le *Paquet*.

Le grand sketch de mon nouveau spectacle, celui que j'ai écrit en premier, avec Laurent Baffie, c'est « Le lâcher de salopes ». J'en ai eu l'idée quelques mois plus tôt, en entrant dans une boîte de nuit. C'était à l'occasion d'une course de voitures, la « Nissan Star Cup ». Ce soir-là, nous sommes une quinzaine d'hommes, acteurs, chanteurs, comiques, tous relativement connus. Inévitablement, il se forme un attroupement autour de nous. Toutes les filles rappliquent et je glisse à l'oreille de Didier

Gustin cette unique petite phrase, qui me saute à l'esprit : « Elles voient même pas qu'elles vont se faire tirer... C'est de l'élevage ou quoi ? »

Le vocabulaire des chasseurs ! Je n'y avais jamais pensé pour traduire cette avidité qui s'empare de nous, les mecs, aussitôt qu'on entre dans une discothèque, et ce premier essai spontané agit sur moi comme une révélation. À ce moment-là me reviennent en mémoire les mots de mon grand-père. « Une envolée de perdrix, m'avait-il dit un jour, si tu tires dans le tas, y'en a jamais une qui tombe. Jamais ! Il faut en choisir une. » Si tu regardes bien, c'est pareil en boîte. Si tu te dis en entrant : « Génial, y'a plein de gonzesses à tirer », tu vas te disperser, tu vas parler un coup à l'une, un coup à l'autre, tu vas pas voir le temps passer et, tout d'un coup, elles vont toutes se barrer et tu vas te retrouver comme un con. Non, il faut en attraper une et s'y consacrer, exactement comme le chasseur devant une envolée de perdrix.

J'ai beau être un mec comme les autres, je trouve assez ignoble cette espèce de chasse à la femme. Ignoble, cette cupidité que nous dissimulons sous des sourires et un romantisme de pacotille. D'ailleurs, je ne trouve aucun équivalent dans la vulgarité, et il me semble que si les femmes découvraient ce qui nous traverse quand on leur tourne autour dans ces moments-là, elles s'enfuiraient, en effet, comme des perdrix. Et elles n'auraient pas vraiment tort.

Soudain, tous les termes de chasse me reviennent à l'esprit, et j'assiste, subjugué, ébloui, à la naissance de mon sketch. Il n'y a pas un mot à reprendre. C'est en même temps juste, insupportablement juste, et d'une vulgarité pratiquement insoutenable. Mais c'est notre propre vulgarité que je mets en scène, et je ne doute pas une seconde que les hommes s'y reconnaîtront.

J'suis en colère, parce que hier j'suis allé en boîte, ils avaient fait un lâcher de salopes, c'était de l'élevage. Vous connaissez mon côté sportif... moi j'ai même pas sorti le fusil de l'étui. J'ai tout de suite vu que c'était de l'élevage. Tu t'approchais d'elles, elles bougeaient pas, elles restaient là. Elles voyaient même pas qu'elles allaient se faire tirer. Obligé de leur mettre un coup de pied dans le cul pour éviter la boucherie. Parce que moi, la salope sauvage, je sais ce que c'est. La salope sauvage, tu la vois tourner du cul au loin, mais tu la tires jamais. D'ailleurs, pour ceux qui ont eu la chance d'en tirer une, ils te le disent. À bouffer, c'est incomparable. Oh, bah, un p'tit fumet, un goût de gibier... que la salope d'élevage n'a pas. La salope d'élevage, c'est facile, ça n'a aucun goût. Ça sent l'eau de Cologne souvent.

L'autre jour, avec des copains, on était partis à la greluche. La greluche, ça se chasse pas, ça se pêche. C'est sympa en friture, en apéro, avec un coup de rosé bien frais, ça passe tout seul. On était là, en terrasse, au milieu d'un banc de greluches, autant dire qu'on était montés fin. Jean, baskets, Swatch, Clio... On peut pas être montés plus fin. Tout d'un coup, j'ai cinquante mètres de fil qui partent. Tous mes copains me font : « Oh là là, t'as attrapé un gros morceau, tellement t'es trop trop fin, tu vas casser. » Heureusement, moi, par précaution, j'mets toujours un p'tit bas de ligne en acier, on sait pas c'que tu peux attraper. Bref, j'mouline, j'mouline. J'avais attrapé une bourgeoise, dis donc ! Une belle bourgeoise, dans les 52 kilos... Ça bagarre, la bourgeoise, hein ! Surtout qu'j'avais pas le matériel. Normalement, la bourgeoise, ça s'appâte avec minimum Porsche et Rolex... J'panique pas, j'remonte, j'remonte, j'remonte... jusqu'à l'hôtel. Tu sais que là, faut rester vigilant. Moi, j'ai déjà vu casser dans le hall de l'hôtel. Tu fais le malin, tu demandes pas l'épuisette, elle s'enroule autour d'un pot de fleurs... Tac ! Tout casse. Là, j'panique pas, j'la remonte, j'la remonte, j'la remonte... jusqu'à la piaule. Ce qu'y'a c'est que c'est chiant à écailler, la bourgeoise. Oui, parce qu'y'a toujours un tailleur Chanel, avec un Wonderbra qu'est serré à mort, quand y'a pas un chignon à démêler. Et alors, même dépiautée, faut encore faire attention. Bah, oui, parce que là c'est un réflexe. Toi, tu te dis c'est dans la poche, tu te détends un p'tit peu, tu lâches une caisse... Elle se barre ! Ah oui, la moindre odeur, elle la sent. C'est méfiant la bourgeoise. C'est pour ça que j'dis, chasseur ou pêcheur, moi, c'que j'aime, c'est le côté sportif...

Ça en fait des souvenirs, hein ? Y'en a même un que j'vous raconterais bien, mais... non, non, non, j'peux pas. Hein ? Quoi ?... Bon, d'accord. Vous savez c'que c'est, j'ai toujours peur de passer pour un sentimental. Je sais même pas comment vous raconter ça... Une traque extraordinaire. Sortie du bureau, 16 h 30, apéritif au coin de la rue, restau italien, deux bouteilles de chianti, cinéma, night-club, quatre bouteilles de champagne, trois mille sept cents balles la traque. Ça casse un bâton... j'vous passe les détails. Quatorze heures plus tard, le parking de la discothèque est désert. Elle est là devant moi, abandonnée, elle lutte plus. J'ai réglé la hausse. Elle relève la tête. Elle vient de gerber pour la deuxième fois. Elle me regarde. Enfin, quand j'dis elle me regarde, elle regarde dans ma direction, parce qu'elle a les yeux qui... Je la vois encore doucement s'allonger sur le capot de la BM, avec la rosée du matin qui mouille sa robe. Et là, j'sais pas c'qui s'est passé, j'ai pas pu... Y'avait une grosse larme pleine de rimmel qui courait comme ça sur sa joue.

Dix ans après, mesdames et messieurs, j'entends encore l'élastique de mon slip qui claque sur ma taille. La nature était trop belle, j'l'ai laissée partir. J'la vois encore s'éloigner dans sa robe léopard, les chaussures pleines de vomi... elle remonte dans sa 205 immatriculée dans le Gers...

Ah, mesdames et messieurs, c'est des trucs que tu vis qu'une fois, mais je sais que les grands chasseurs me comprendront. Parce que le meilleur moment, c'est quand tu l'as dans le viseur, hein, juste avant que le coup y parte. Après, faut reconnaître que ça retombe.

Ma thérapie m'inspire de nouveau plusieurs sketches, en particulier « Le parano », que j'écris avec un autre de mes vieux complices, Jean-Noël Gou. Jean-Noël, que j'ai rencontré aux temps lointains du *Petit Théâtre de Bouvard*, et qui a été de tous mes spectacles. Et puis également « Les trucs qui gonflent », une série de gags en forme de plaidoyer pour le hurlement primaire, comme antidote au cancer ou à l'ulcère à l'estomac.

Tiens, celui-ci par exemple, que je raconte ici parce qu'il va être compris de travers et me valoir une insulte qui ne passe toujours pas aujourd'hui, sept ans après les faits :

On est cinq de front en bagnole, arrêtés au feu rouge, et on attend qu'le feu passe au vert. Situation classique, cinq mecs normaux dans Paris, donc les yeux hagards, la bave aux lèvres et tout, hein, tu vois un peu... Et alors, au moment où le feu passe au vert, à ce moment-là justement, y'a un piéton qui s'engage. Vous l'avez celui-là, vous le voyez ? On en a tous eu des dizaines comme ça. Parce que si c'est une vieille dame qui s'engage en boitant, on est des gentlemen, on s'dit : « Allez, magne-toi le cul la vieille ! » Des gentlemen, quoi. En revanche, quand il s'agit d'un jeune trou du cul qui passe comme ça, en r'gardant les cinq chauffeurs dans les yeux... tu sais, y'a même un moment où y ralentit tellement, le gars, qu'tu te dis si y ralentit encore un p'tit peu, y recule... tu vois un peu, avec le sourire, d'un air de dire j't'emmerde... Bon, ben là si jamais t'as pas le réflexe de pratiquer immédiatement le hurlement primaire dans la bagnole, qu'est-ce qui va t'empêcher un jour de passer la première et d'y rouler sur sa sale petite gueule de con à ce mec-là ? Rien ! C'est pour ça qu'je dis faut pratiquer le hurlement primaire. Ça peut éviter la violence, le passage à l'acte. On peut le pratiquer partout, hein, c'est gratuit. Pas besoin de prendre une carte au gymnase-club.

Découvrant à la télévision des bribes de ce sketch, sans chercher à le replacer dans son contexte, ni à venir voir mon spectacle, Daniel Schneidermann pond aussitôt un article au vitriol dans *Le Monde* au fil duquel il m'associe au leader autrichien d'extrême droite Jörg Haider. Je n'ai jamais pu oublier l'intertitre : « La bête sournoise tapie en nous, voici ce qui réunit étrangement Jean-Marie Bigard et Jörg Haider. »

« Pour Bigard, écrit Schneidermann, le pauvre gars, le minable qu'il importe de venger au plus vite, dont il faut exprimer la frustration et le malheur, c'est l'automobiliste. Forcément l'automobiliste qui patiente, le pied sur le champignon, et à qui le piéton, horreur, va faire perdre quelques précieuses secondes. Il ne viendrait pas à l'idée de Jean-Marie Bigard de plaindre aussi, parfois, les piétons victimes de la muflerie des fous du volant, les vieux terrorisés qui galopent vers le trottoir parce que la voiture qui démarre ne leur fera pas cadeau du moindre millimètre. Trop bien-pensant, trop politiquement correct, beaucoup moins payant que d'exprimer les rages honteuses des conducteurs...

« Pourtant, force est de reconnaître que le comique de Jean-Marie Bigard fonctionne. À notre corps défendant, nous marchons : quel automobiliste n'a pas alors détesté ce piéton, même si la plupart d'entre eux – au moins aime-t-on à le penser – se sont aussitôt reprochés ce réflexe reptilien. L'instant où se réveille cet alien tapi en nous, l'instant où l'écraseur potentiel s'autorise à se regarder comme écrasé par la conspiration des flageolants et des tremblants, l'instant où ce réflexe, surgi de la boue des profondeurs, se cristallise et se métamorphose tranquillement en bulletin de vote, voilà ce qui réunit étrangement Bigard et Haider, porte-voix de l'éternelle internationale des écraseurs écrasés [1] ».

Excuse-moi, Daniel, hein, mais t'es complètement hors sujet, t'as rien compris. Seulement ton insulte, je l'ai toujours sur l'estomac.

Je fais une première tournée d'automne triomphale avec mon *Paquet*. Et, le 25 janvier 2000, je m'installe au Bataclan pour quatre mois. Avant même la première, trente-cinq mille places ont été vendues. Cent dix mille personnes viendront m'applaudir au Bataclan.

Vers la fin du spectacle, je rends pour la première fois hommage à Robert Lamoureux, mon maître, en lisant sur scène son *Éloge de la fatigue*, que j'aurais aimé écrire tant je me retrouve dans l'homme qui déclame :

1. « L'écraseur écrasé », *Le Monde*, 6 février 2000.

Vous me dites, monsieur, que j'ai mauvaise mine,
Qu'avec cette vie qu'je mène je me ruine,
Que l'on ne gagne rien à trop se prodiguer.
Vous me dites enfin que je suis fatigué.

Oui, je suis fatigué, monsieur, mais je m'en flatte.
J'ai tout de fatigué, le cœur, la voix, la rate.
Je m'endors épuisé, je me réveille las.
Mais grâce à Dieu, monsieur, je ne m'en soucie pas.

Et quand j'm'en soucie, je me ridiculise.
La fatigue, souvent, n'est qu'une vantardise,
On n'est jamais aussi fatigué qu'on le croit.
Et quand cela serait, n'en a-t-on pas le droit ?

Je ne vous parle pas des tristes lassitudes
Qu'on a lorsque le corps harassé d'habitudes
N'a plus pour se mouvoir que de pâles raisons.
Lorsqu'on a fait de soi son unique horizon,
Lorsqu'on n'a rien à perdre, à vaincre ou à défendre.
Cette fatigue-là est mauvaise à entendre,
Elle fait le front lourd, l'œil morne, le dos rond
Et vous donne l'aspect d'un vivant moribond.

Mais se sentir plier sous le poids formidable
Des vies dont un beau jour on s'est fait responsable ;
Savoir qu'on a des joies ou des pleurs dans ses mains,
Savoir qu'on est l'outil, qu'on est le lendemain,
Savoir qu'on est le chef, savoir qu'on est la source,
Aider une existence à continuer sa course,
Et pour cela se battre à s'en user le cœur,
Cette fatigue-là, monsieur, c'est du bonheur.
Et sûr qu'à chaque pas, à chaque assaut qu'on livre
On va aider un être à vivre ou à survivre.
Et sûr qu'on est le port, et la route, et le guet,
Où prendrait-on le droit d'être trop fatigué ?

Ceux qui font de leur vie une belle aventure,
Marquent chaque victoire en creux sur leur figure,
Et quand le malheur vient y mettre un creux de plus,
Parmi tant d'autres creux, il passe inaperçu.

La fatigue, monsieur, c'est un prix toujours juste.
C'est le prix d'une journée d'efforts et de luttes,
C'est le prix d'un labour, d'un mur ou d'un exploit.
Non pas le prix qu'on paie, mais celui qu'on reçoit.
C'est le prix d'un travail, d'une journée remplie,
Et c'est la preuve aussi qu'on vit avec la vie.
Quand je rentre la nuit, et que ma maison dort,
J'écoute mes sommeils, et là je me sens fort.
Je me sens tout gonflé de mon humble souffrance,
Et ma fatigue alors, c'est une récompense.

Et vous me conseillez d'aller me reposer?
Mais si j'acceptais là ce que vous proposez,
Si je m'abandonnais à votre douce intrigue,
Mais je mourrais, monsieur, tristement... de fatigue.

Robert Lamoureux

Chapitre 10

C'est un peu avant le Bataclan qu'éclate la crise avec mon frère Jean-Pierre qui va finalement nous être salutaire, à l'un comme à l'autre.

Jean-Pierre s'occupe de mes affaires depuis sept ans. Il a liquidé les arriérés d'impôts, honnêtement tenu les cordons de la bourse, supporté toutes mes conneries, mes folies aussi, de la Lamborghini à *L'Âme sœur*, et l'impression générale, dans le milieu du spectacle, est que je serais mort et enterré depuis longtemps s'il n'était pas là.

Ça n'est pas mon sentiment, et la crise, qui couvait déjà depuis un bout de temps, éclate le jour où je m'avise de mettre le nez dans les comptes. Je joue tous les soirs, je bosse comme un dingue, et quand je demande où on en sera en juillet prochain si je continue à ce rythme, Jean-Pierre me répond qu'on aura peut-être deux cent mille balles d'avance.

– Attends, je fais deux cent mille francs de recettes par soir ?

– Je te calcule ça à la louche.

– Non, je veux comprendre !

– Si tu ne faisais pas n'importe quoi, on n'en serait pas là.

– Tu m'emmerdes, Jean-Pierre, d'accord. Là tu m'emmerdes vraiment.

D'un seul coup, tous les reproches accumulés de Jean-Pierre depuis sept ans me remontent à la gorge. Cette façon qu'il a de se plaindre sans arrêt de moi aux gars de mon équipe : « Putain, tu sais pas ce qu'il m'a encore fait ? Je le surveille comme le lait sur le feu, hein, je bosse dix-huit heures par jour, et il trouve encore le moyen... Si j'avais pas été là, c'était la catastrophe ! J'en peux plus... T'as vu la tête que j'ai ? Je peux tout de même pas bosser vingt-quatre heures sur vingt-quatre ! Le jour où je ne serai plus là, je ne sais vraiment pas ce qu'il va devenir... »

Oui, d'un seul coup tout me revient, et j'explose. Il n'y a pas d'autres mots, j'explose !

– Tu me casses les couilles, Jean-Pierre ! T'es mon frère, mais je t'emmerde, tu m'entends ? Je t'emmerde, putain ! Jamais je ne t'ai demandé de bosser dix-huit heures par jour, jamais je ne t'ai demandé d'éviter mes soi-disant conneries. Alors je te dis un truc, là : barre-toi ! Tire-toi, retourne vendre des bagnoles, et laisse-moi faire mes conneries.

On se quitte là-dessus. Il s'en va, et je me retrouve du jour au lendemain devant un grand vide. Plus personne dans le bureau, plus personne pour répondre au téléphone, pour prendre les décisions.

Son départ fait l'effet d'une petite bombe dans le milieu du spectacle. Il s'est tellement répandu sur mon compte que même mes amis ne donnent pas cher de ma peau. On prédit ma ruine, ma chute, ma disparition.

Je suis en train de prendre conscience que je ne m'en sortirai jamais si je ne me décide pas à gérer mes affaires moi-même. Jusqu'ici, j'ai toujours voulu laisser ça à d'autres, parce que la comptabilité m'emmerde, parce que mon plaisir à moi, c'est d'être sur scène, mais en réalité j'ai fait l'autruche, c'était une forme de fuite, de lâcheté, et je suis décidé à changer.

À partir de maintenant je deviens mon propre tourneur, le gestionnaire de mon matériel et je travaille en étroite collaboration avec les producteurs locaux. Résultat, je préfère le dire tout de suite, je vais passer en quelques mois de 24 % de la recette brute à 58 %, et devenir tout simplement millionnaire. Millionnaire pour moi et pour tous ceux que je peux aider. Je n'aime pas en faire état mais durant chaque tournée je joue bénévolement au profit de causes qui me tiennent à cœur. Elles aussi profitent, du coup, de ma nouvelle gestion. Tout cela au prix de ma reconversion en homme d'affaires. Et surtout grâce à l'arrivée d'un duo de choc, Dov et Berny.

Après mon succès au Bataclan, je repars en tournée à travers toute la France. J'ai engagé quelqu'un pour remplacer Jean-Pierre. Je donne près de trois cents représentations en province et, pour finir, durant le seul mois de décembre 2000, je fais dix Zénith à la file. Au total, sept cent cinquante mille personnes ont vu mon *Bigard met le paquet*. Créé au creux de la vague, après l'échec de *L'Âme sœur*, mon sixième spectacle me remet la tête dans les étoiles.

C'est au printemps de cette même année que je fais la connaissance de Dov Yadan et de Bernadette Vilain, dite Berny. Et c'est Jean-Jacques Goldman qui me les présente.

À l'époque, Dov est un peu le général en chef des Restos du cœur. Ce soir-là, lui, Jean-Jacques et toute une bande ont distribué des repas place de la République, et Jean-Jacques a ramené tout ce monde-là chez lui pour offrir un dîner et finir la soirée. L'ambiance est chaleureuse quand je me pointe à mon tour. Dov me racontera par la suite que quand il m'a entendu siffler, en bas, Jean-Jacques les a prévenus : « Tout le monde a dit ce qu'il avait à dire ? Parce qu'il y a Bigard qui arrive, maintenant plus personne ne va pouvoir l'ouvrir. »

C'est vrai, je suis de bonne humeur, et je passe la moitié de la nuit à déconner, tout le monde plié en deux. « Jamais on n'oubliera cette soirée », me diront plus tard Dov et Berny.

Je revois Dov qui devient petit à petit un ami. J'apprends qu'il a travaillé avec Jacques Delors avant de débarquer aux Restos du cœur. Je découvre un homme en même temps baroudeur et remarquablement cultivé, artiste peintre à ses heures, mais gestionnaire avisé et rigoureux quand il s'agit de compter. À l'occasion, je lui parle de cette idée, qui tient au cœur de ma sœur aînée, de ramasser les bouchons de bouteille en plastique pour acheter des fauteuils roulants. On dit alors qu'avec mille bouchons on financerait un fauteuil.

Dov se prend immédiatement au jeu. Il s'aperçoit que l'histoire est complètement bidon, des gens ramassent bien des bouchons en croyant faire une bonne action, oui, mais il n'y a personne pour les recycler, et donc pas un fauteuil à la clé. Lui déniche un recycleur, détermine que pour financer un fauteuil roulant, ce ne sont pas mille, mais dix millions de bouchons qu'il faut collecter, et, sachant tout cela, nous décidons de créer l'association « Bouchons d'amour ». Il en prend la direction, moi la présidence, et bientôt nous ramassons deux cents tonnes de bouchons par mois grâce à tout un réseau de bénévoles. Des gens généreux, formidables. Et bientôt c'est un million d'euros que nous dégageons pour la Fédération handisport.

C'est à la suite de cette aventure qu'il a menée tambour battant, renversant toutes les barrières, ne perdant jamais son bel optimisme, que me vient l'idée de lui proposer de prendre mes affaires en main. Je suis déçu par le remplaçant de Jean-Pierre et souhaite m'en séparer.

– Ça ne te dirait pas d'être mon directeur de production ?

Et Dov, du tac au tac :

– Bien sûr que si ! Ça pourrait être une aventure formidable.

Lui et Berny travaillent depuis longtemps en duo. Ils n'ont jamais fait ce qu'ils vont devoir faire à mes côtés, mais ils sont humains, intelligents, réactifs, attentifs aux autres, ils apprendront vite, et j'ai l'intuition que c'est avec des gens comme eux, ouverts et sans préjugés, qu'on inventera d'autres façons de fonctionner.

J'en ai la preuve quelques mois après leur arrivée, lorsque l'idée me vient à l'esprit de me produire à Bercy, toujours avec *Bigard met le paquet*. Bercy, c'est un défi, treize mille places, plus de deux Zénith parisiens réunis sous le même toit, jamais je n'ai joué devant une salle de cette taille.

Au temps de Jean-Pierre, quand je déboulais dans son bureau avec ce genre de lubie, j'avais aussitôt droit à une bonne douche froide.

– Ho ! calme ! Calme ! Tu ne vas pas nous faire encore péter les plombs avec ta mégalomanie...

Et je ressortais de là exaspéré et déprimé.

Avec Dov, c'est immédiatement une autre musique.

– Mais c'est génial ! Quand voudrais-tu faire ça ?

– Pourquoi pas dans un an, après une nouvelle tournée ?

– Je me renseigne tout de suite, et on en reparle.

Ce jour-là, je sais que j'ai enfin trouvé mon âme sœur en matière d'innovation, de création, d'aventures.

Le palais omnisport de Bercy rien que pour moi, c'est comme une consécration. Une apothéose. Aucun comique ne l'a jamais fait. Et c'est évidemment parce que je le ressens comme tel que je décide de retourner simultanément au Point-Virgule. Christian Varini est mort entre-temps, mais jamais je n'oublierai cet homme, et jamais je n'oublierai le Point-Virgule où j'ai fait mes premiers pas sur scène, quinze ans plus tôt.

Mon idée est de jouer un soir au Point-Virgule, et le lendemain à Bercy. Un soir dans la plus petite salle de Paris, celle où je suis né, et le lendemain dans la plus grosse. La première fois que j'en parle à mes p'tits Gremlins, Jean-Marc, Titi, Tatane, Diablo, David, et toute la bande, ils m'écoutent gentiment, et puis c'est non :

– Impossible, Jean-Marie. Nous, la veille, on doit être à Bercy.

– OK, alors ça sera l'avant-veille.

26 décembre 2001 au Point-Virgule, 27 off, et 28 à Bercy ! Ça claque, c'est magnifique, on fait même imprimer des milliers de T-shirts avec les trois dates.

Aussitôt mon truc accepté par les Gremlins, on se met à phosphorer. Chacun mesure dans la seconde la performance que cela représente : donner la même représentation un soir sur une scène grande comme ta salle de bains, et le soir suivant sur une espèce d'héliport. Alors ils ont tous des idées. À la place des deux écrans géants prévus pour Bercy, pourquoi ne pas mettre deux petites télévisions au Point-Virgule, de part et d'autre de la scène ? Et pour dupliquer les grosses « vari-lights », pourquoi ne pas en dénicher des naines, qui m'arriveraient aux chevilles, mais feraient les mêmes effets sonores et lumineux ? Traditionnellement, à l'ouverture du spectacle, je cavale à travers toute la salle pour serrer les mains, chauffer l'ambiance. À Bercy, le footing fera trois cents mètres, au Point-Virgule quatre mètres cinquante. « Ça ne va pas être facile, dis-je, mais je vais tout de même le faire, quitte à grimper sur la tête des gens. » Le plus difficile sera de bouger sur scène, de faire le même nombre de pas prévus pour chaque sketch, sans m'écraser les doigts de pied au Point-Virgule...

Bientôt, tout roule. Les murs de Paris sont couverts de mes affiches : *Bigard bourre Bercy*, avec le fameux slip kangourou du *Paquet* qui conforte ma réputation de comique le plus vulgaire de France. Quand on me demande pourquoi j'éprouve le besoin d'afficher mes couilles (cette fois, d'ailleurs, ce ne sont pas les miennes, mais des balles de tennis), je réponds que je n'ai pas trouvé plus fort pour anéantir d'un coup tous les tabous.

Tout est en place, oui, et je suis tendu à mort, quand survient un événement qui me précipite d'un coup tout en bas de la montagne, sonné, défait. Trois heures avant de jouer au Point-Virgule, quarante-huit heures avant Bercy, je me casse le poignet !

C'est un après-midi pluvieux, j'enfourche mon scooter et descends prudemment la rue de Belleville. Le feu est vert au carrefour, la voiture qui me précède s'y engage, et soudain elle pile ! Là, en plein milieu, sans aucune raison. J'écrase les freins, ma roue avant dérape sur l'asphalte mouillé et mon scooter se couche. Je me reçois sur le poignet et éprouve aussitôt une douleur fulgurante.

– Madame, vous pouvez me dire pourquoi vous avez freiné ? dis-je en me redressant, il n'y avait absolument personne devant vous.

– Je ne sais pas...

Que veux-tu répondre à ça ? Je suis tellement sidéré que je la regarde un moment comme statufié. Puis elle s'en va, on m'aide à redresser mon scooter, et je repars pour le Point-Virgule. Tout le long du chemin, le bras droit foudroyé par la douleur, je balance entre l'angoisse de la fracture et l'espoir de m'en tirer avec une simple entorse. Mais je n'ai aucun doute, c'est bien Dieu qui m'envoie cette épreuve. Cette femme qui ne sait pas pourquoi elle a freiné en est la preuve vivante. Dieu utilise chacun d'entre nous pour ses desseins secrets. Malgré tout, je sens la colère gronder, et je le Lui dis :

– Pourquoi Tu me fais ça, Seigneur ? Merde, c'est déjà tellement dur d'être seul à tout porter... Fais au moins que ça ne soit pas cassé, je T'en supplie, sinon ça va être un martyre...

Pourquoi m'a-t-Il fait ça ? Je le comprendrai au lendemain de Bercy, en réalisant que durant ces trois jours, qui s'annonçaient terriblement angoissants, je n'avais fait finalement que penser à mon poignet. Cette fracture m'avait détourné de mon trac et, grâce à elle, j'avais pu garder la tête froide, vivre chaque seconde comme débranché de la réalité.

En arrivant rue Sainte-Croix-de-la-Bretonnerie, où m'attendent mes p'tits Gremlins, j'ai le cœur dans un étau. Et quand je retire mon gant, difficilement, avec mille précautions, le spectacle n'est pas vraiment encourageant : le poignet est bleu, et il a doublé de volume.

Claudia fait le maximum pour endormir la douleur, mais il est exclu que je porte une attelle, une bande, quoi que ce soit qui permettrait d'identifier la souffrance, ça serait comme de vouloir faire le guignol depuis un lit d'hôpital, et je joue ce soir-là anesthésié par l'adrénaline.

Le verdict tombe le lendemain matin à la radio : c'est bien une fracture, et même une fracture si mauvaise qu'il faut opérer pour remettre les os en place. Je prends rendez-vous avec le chirurgien pour le surlendemain, *après* Bercy.

Pas une seconde je n'envisage d'ajourner le spectacle. J'ai réussi à jouer au Point-Virgule avec mon poignet cassé, personne ne s'est aperçu de rien, je réussirai à jouer à Bercy.

Je ressors de la radio le bras en écharpe et le poignet sous un sac de glace. C'est dans ce drôle d'équipement que Claudia et moi débarquons à Bercy, la veille du grand soir. Claudia m'a fait enfiler une paire de charentaises pour montrer à tous mes gars comme je me sens à l'aise et confiant, en dépit de ce putain de poignet.

Il existe un bout de film où l'on nous voit entrer tous les deux dans cette usine à gaz en pleine folie. Deux cents types sont sur le pont pour préparer le décollage du vaisseau, des camions, des grues, des poutrelles qui se balancent à trente mètres de haut... et moi dans mes charentaises au bras de ma petite femme, avec un gros cache-col jaune autour du cou et treize mille sièges rouges vides, disposés en gradin, tout autour de nous. Alors bien sûr je fais un peu le con.

– C'est supersympa, mais y'a un problème : c'est que j'aime pas le rouge ! Eh, Titi, faudrait compter combien de temps pour tout repeindre ?
– Ben, heu...
– En s'y mettant tous.
– Une bonne heure !
– Et ça s'ra sec ?
– Sans problème.
– Bon, prenez de la glycéro et repeignez-moi ça en bleu, les gars, parce que ce rouge, ça va pas du tout.

La scène d'après, Claudia brûle de l'encens. Et moi j'explique au mec qui filme : « Dans les moments difficiles, on n'hésite pas à brûler un peu d'encens, tu vois. Ça détend l'atmosphère, ça met des bonnes vibrations. »

Oui, parce que malgré tout j'en mène pas large.

Le lendemain, c'est le grand jour, et sur le coup de midi Berny passe me prendre à Belleville pour un footing. « Si je ne peux pas faire mon jogging ce matin, je ne pourrai pas jouer ce soir », lui ai-je dit. Quarante-cinq minutes plus tard, je me sens mieux, j'ai réussi à courir sans trop souffrir.

Quand Damien passe me prendre avec la voiture, à l'heure H – 5, avec le gars sur la banquette arrière qui continue de filmer, j'ai juste cette phrase qui me donne le sentiment, avec le recul, d'être revenu à l'âge de mon premier rendez-vous, 14 ans, et la gueule pleine de boutons : « Dans cinq heures, je vais poser le pied sur la scène, et tout le monde va dire " Va-t'en, t'es pas beau, t'es pas drôle, on t'aime pas. " C'est possible, hein ! C'est possible ! » Alors Damien et le cameraman ont un gentil sourire, l'air de direè : « OK, on a compris, t'as un trac d'enfer, mais t'en fais pas, nous on sait bien que ça va aller. »

À H – 4, on m'entend dire : « J'ai la gueule sèche, on dirait que je vais faire un truc important. »

À H – 3, je répète à travers les sièges vides lc footing que je ferai en ouverture pour saluer tout le monde. À ce moment-là, mon poignet a la densité d'une enclume.

À H – 2, je dis en le brandissant : « J'ai l'impression d'avoir avalé toute une pharmacie ! Mais je ne souffre plus, c'est Génial ! Et je me fais opérer demain à 15 heures. »

À H – 1, je regarde l'objectif droit dans les yeux, et je confesse : « On y est, putain, on y est. Là, tu me dis que je suis gentil, ou que je suis beau, et je fonds en larmes. »

Après, dans la folie du compte à rebours, et alors que la salle gronde, déjà, on me devine dans la nuit, derrière le rideau de fond de scène, en train de faire ma prière. La petite caméra qui me suit ne peut pas enregistrer ce que je dis, mais je vais l'écrire ici, parce que j'aime cette prière, que j'adresse à Dieu par l'intermédiaire de mon Baba : « Baba, lui dis-je, remplis mon cœur d'amour, et envoie-le dans le cœur de tous les gens qui sont venus me voir ce soir. » Et aussitôt je ressens ce flot d'amour qui me traverse et va rejaillir sur la foule. Je l'ai écrit, déjà, nous ne sommes pas propriétaires de l'amour, c'est Dieu qui nous en donne à profusion pour que nous le distribuions.

Enfin, Claudia me serre dans ses bras, et je m'entends dire : « Quand j'embrasserai cette femme la prochaine fois, c'est que je sortirai de scène. Dis-moi que tu seras encore là, mon ange. »

Bien sûr qu'elle sera là ! Elle a toujours été là quand j'ai eu besoin d'elle. Je me rappelle le soir où j'ai repris mon spectacle, après m'être arrêté six mois pour un tournage, suivi des vacances d'été. Cette impression soudaine d'avoir tout oublié. J'étais à deux heures d'entrer en scène et je ne savais plus un sketch. « Est-ce qu'il y a quelqu'un parmi vous qui pourrait me donner une formule pour que je puisse jouer ce soir ? avais-je crié à l'intention des Gremlins. Un mot, n'importe quoi qui m'aiderait. » Mais aucun n'avait trouvé la formule magique. Alors j'avais téléphoné à Claudia, qui était au Brésil. Elle m'avait écouté, et puis elle avait dit tranquillement : « Comment une maman ne reconnaîtrait-elle pas son enfant entre mille ? Ton spectacle, c'est ton bébé, mon chéri, tu vas entrer en scène et tout va te revenir aussitôt. C'est impossible autrement. » Et immédiatement j'avais su que tout allait bien se passer. Ou alors elle dit : « Tu me fais penser à un poisson qui se demande s'il sait nager. » Ou encore : « Là, tu as peur, parce que tu n'es pas dans l'eau. Mais dès que tu y seras, tu te sentiras tellement bien, tellement fort. Vas-y, plonge ! »

Dans les deux ou trois secondes qui précèdent mon entrée dans l'arène, je pousse un hurlement de bête. Je suis un taureau qui ne veut pas mourir. Oh non, Seigneur, pitié ! Mais ce jour-là, une ovation monumentale s'élève des gradins à l'instant où j'apparais, et ça y est, je suis rassuré, tous ces gens-là m'aiment, et moi je vais leur dire à ma façon combien je les aime aussi.

Si tu regardes bien, au début, quand je cours vers eux, que je bondis à travers la foule, je n'utilise que la main gauche pour serrer toutes celles qui se tendent, mais ensuite, insensiblement, je me mets à distribuer des petites caresses avec la droite, la cassée, la douloureuse. Je frôle des visages, des mentons, des cheveux. C'est que je n'ai plus peur de rien, comme si, porté par la vague, je ne touchais déjà plus terre.

Chapitre 11

Au mois de mai 2002, je suis au Festival de Cannes, et je monte pour la première fois les fameuses marches. Moi, le p'tit gars de Troyes, le fils de Gisèle et de Marcel.

Le film de Claude Lelouch, *And now... ladies et gentlemen*, est projeté hors compétition et toute l'équipe se retrouve donc sur la Croisette. Ticky Holgado, mon vieux Ticky, qui tenait comme moi un second rôle, est également du voyage.

Cette montée des marches est un moment inoubliable, car elle tourne immédiatement au gag. Nous grimpons de front, très fiers de nous, entourant les deux étoiles du film, Patricia Kaas et Jeremy Irons. Ticky à une extrémité, moi à l'autre. Près de cinq cents photographes se pressent de part et d'autre du tapis rouge. On joue un peu les stars, on s'attend à être mitraillés, fêtés, applaudis, et soudain les gros mots fusent, dans toutes les langues du monde. Ça donne à peu près ça, si je résume : « Mais poussez-vous, bordel, vous ne voyez pas que vous gênez ! Jeremy, Patricia, par ici ! » Il me faut une seconde pour réaliser que pas un de ces photographes, étrangers pour la plupart, ne nous connaît. Tout Bigard que je suis, superstar de Bercy, sacré par les sondages « comique préféré des Français », je suis ici un anonyme, un intrus. Pis encore : le mec qui fait de l'ombre aux têtes d'affiche. C'est en même temps déroutant et terriblement drôle.

– Je crois qu'on dérange, dis-je à Ticky, quand le front se disloque pour permettre aux photographes d'immortaliser le couple star.

Et lui, hilare :

– Ouais, on ferait peut-être mieux de terminer à plat ventre.

C'est peu après Cannes qu'on m'offre le premier rôle dans un téléfilm, *Le Dirlo*, de Patrick Volson. Je suis directeur d'un bahut, en butte à l'Inspection d'académie, à mon ex-femme, aux conneries des gosses et du gardien, et là, franchement, je me régale. Le public aussi, sans doute, puisque le soir de la première diffusion, nous faisons un carton avec plus de dix millions de téléspectateurs, la douzième meilleure audience de l'année, toutes chaînes confondues.

Dès avant ce tournage, réfugié au Cap-Ferret, je me suis mis à écrire mon prochain spectacle : *Des animaux et des hommes*.

Je n'ai qu'à étudier les animaux, et à comparer notre comportement au leur, pour que tout le spectacle surgisse par bribes sur le papier. Qu'est-ce que je cherche à faire ? D'abord à faire rire, bien sûr. Mais aussi à dire des trucs qui nous remettent à notre place, parce que même si nous sommes les êtres les plus évolués de la planète, on n'en reste pas moins des animaux, nous aussi.

Regarde le pingouin, par exemple, il va chercher un petit caillou qu'il prend parmi des milliers de petits cailloux, il le ramène à sa copine, il le dépose délicatement entre ses petites pattes, et tout de suite après il la nique. Eh ben ça, c'est pareil pour nous. Nous aussi, quand on ramène un beau caillou à la maison, en principe ça met une bonne ambiance, on est d'accord, non ? Sauf que la femelle pingouin, elle a pas besoin d'un douze carats.

Bien sûr, le sexe m'inspire quelques perles. Comme celle-ci : « Le cerf, il pense avec la bite, et quand on pense avec la bite, on pense pas grand-chose. Mais on en est sûr ! » Ou celle-ci : « Malebranche a dit : " En amour, il n'y a que la conquête et la rupture, le reste, c'est du remplissage. " Ben les animaux, y'en a qui arrivent à faire les trois trucs en une seconde : conquête, remplissage, rupture. » Ou encore celle-ci : « Nous, c'est pas pareil, on n'a pas de périodes de rut. Nous, c'est toute l'année, n'importe quand et n'importe où. Et heureusement ! Imagine que nous, on soit obligés de tirer tous les coups de l'année sur un seul mois, tous ensemble, j'te dis pas la tension au bureau... »

Et puis le sujet m'inspire quelques envolées, sur les moyens de transport et la communication par exemple.

Tiens, les voitures, en voilà une invention qui est typiquement humaine. Soixante-dix pour cent de la pollution sur la planète a été faite ce dernier siècle. Mon Dieu, à quelle vitesse l'homme scie la branche sur laquelle il est assis ! Avant, nous et les animaux, on était main dans la main.

Pour voyager, par exemple, avant qu'on invente la voiture, on voyageait avec les animaux. Et pour communiquer, on utilisait des pigeons. Et tout d'un coup, l'homme il a tout inventé en matière de communication. Pendant cent cinquante mille années, rien, et en quelques dizaines d'années, tout. Alors que les animaux, ils ont toujours les mêmes moyens pour communiquer. Regarde l'urine, c'est un excellent moyen de communiquer. Ben nous on s'en sert pratiquement plus... Nous aussi, on a eu un odorat exceptionnel, mais on l'a perdu. Quel dommage! On a tellement gagné, qu'on a débranché les trucs qui nous servaient plus à rien. Par exemple le blaire. Maintenant on a un blaire lamentable... Pense au chien. Le chien, il fait comme ça, snif snif snif... et là, sur le trottoir, il lit ses messages. Et puis il en laisse aussi des messages. T'as vu comment il lève la patte? Il se donne du mal, le chien. À la fin, il tombe juste une petite goutte. Ben oui, il a plus assez d'encre pour écrire des grands trucs...

Le spectacle trouve son ton, sa singularité, sa force, et puis finalement son affiche : moi, en homme des cavernes, tenant pour cache-sexe une affiche représentant une moule. Elle suscite un tel tollé que j'en fais un sketch que j'ajouterai à mon spectacle quand je ferai le Stade de France :

Mon affiche! Vous pouvez pas savoir ce que j'ai subi pendant toute la tournée... Les copains venaient me voir dans la loge : « Ah, t'as pas pu te retenir, alors après le slip, il a fallu que tu mettes une moule! – Ben je dis oui, parce que mon spectacle s'appelle *Des animaux et des hommes*, et la moule c'est un animal, c'est même bon à manger la moule, avec deux trois frites et un coup de blanc. T'as jamais mangé de moules ? » Alors le gars il dit : « Me prends pas pour un con, tu sais très bien que je te dis ça parce que c'est aussi comme ça qu'on appelle le sexe de la femme. » Et là je fais : « Oh, mais oui dis donc, oh ben merde, t'as raison, heureusement que tu me le dis. Ben écoute, c'est une coïncidence ! » Alors là le gars : « Ben tu me reprends pour un con ! – Oui, je te reprends pour un con, parce que j'en ai rien à foutre qu'on appelle comme ça le sexe de la femme, je te dis que je vois toujours pas le rapport. Tu peux regarder mon affiche autant que tu veux. Tu regardes la couleur, par exemple... c'est pas du tout la couleur. Bon, l'odeur... l'odeur... Ben moi, si elle sent comme ça, je la mange pas. Oui, je vous parle de l'animal, j'ose même pas vous parler de l'autre. Et puis même, entre nous, on n'a jamais vu trois cents sexes de femmes agglutinés sur un rocher. À part à Monaco. Et encore, en saison !

Ce septième spectacle fait de nouveau un triomphe en tournée. Et j'attaque Paris par neuf Zénith consécutifs !

Je suis de nouveau en tournée quand, à la mi-janvier 2004, j'apprends que c'est la fin pour Ticky Holgado. Il était malade depuis longtemps, et on m'annonce qu'il est perdu. Ticky, c'est mon ami, un de ces amis précieux qu'on voit ou qu'on appelle une fois par semaine.

Je suis dans le hall de l'hôtel quand la nouvelle me parvient, et je décide aussitôt de remonter dans ma chambre pour dire une prière. Une prière pour Ticky. C'est alors que me revient à l'esprit un petit conte dont s'inspire souvent Baba, mon maître indien, pour illustrer ce que doit être l'amour. Un roi cherche à marier sa fille, et, pour distinguer les prétendants des autres, il leur demande de porter un costume particulier. Le lendemain, il s'aperçoit que tous les voyous du royaume portent ce costume. La plupart n'ont même jamais vu la princesse, ils ne s'intéressent qu'à son argent. Furieux, le roi décide que seront exécutés sur-le-champ tous les hommes vêtus de cet habit. Le lendemain, plus aucun ne le porte, sauf un. Celui-là aime vraiment la princesse et il est prêt à mourir pour elle. « Si vous aimez, aimez à ce point », dit Baba.

En m'agenouillant, encore tout imprégné de ce conte, je me dis en moi-même : non, je ne vais pas prier, les prières ne sont que des mots, aucune n'est à la hauteur de ce que je souhaite de toutes mes forces. Si je veux sauver Ticky, il faut que je fasse la proposition de mourir pour lui, et, si possible, de mourir *à sa place*. Et je me mets à demander cela au bon Dieu – prends ma vie, Seigneur, et accomplis un miracle pour lui, fais qu'il vive. Mais tout en le disant, je sens mon dos se glacer, parce que je ne suis pas plus courageux qu'un autre. Et je suis pris de doute : je serais assez con pour me faire mourir tout seul, me dis-je, et que Ticky meure également. Tout à coup je doute de l'équité de Dieu, et même peut-être de son existence. Alors je me tourne vers mon Baba dont la photo m'accompagne partout. Baba, lui dis-je, je suis prêt à mourir pour Ticky, mais pardonne-moi, est-ce que je pourrais avoir un signe ? Un signe que je ne meurs pas pour rien...

Plus tard, dans l'après-midi, je rappelle la femme qui m'a prévenu que Ticky était perdu.

– Écoute, c'est incroyable, me dit-elle, on vient de sortir de l'hôpital et il a une pêche d'enfer. Il a absolument voulu que je l'emmène manger quelque chose.

– Et il a mangé ?

– Mais comme un ogre, Jean-Marie ! Comme un ogre ! Et tu ne sais pas ce qu'il a fait à la fin ? Il m'a piqué mon baba au rhum. Il m'a dit : Ça, c'est mon baba ! Et il l'a avalé.

Sur le moment, je ne percute pas. Je crois même que je chasse de mon esprit l'image de ce dessert complètement *has been*, le baba au rhum, le cauchemar des cantines, une grosse éponge avec une cerise dégueulasse sur le dessus, jusqu'à ce que mon interlocutrice revienne sur cet épisode.

– Je t'assure, il m'a piqué mon baba... Ça faisait bien longtemps que je ne l'avais pas vu manger comme ça.

– Attends, il t'a mangé ton *baba* ?

Je ne dis rien, mais après avoir raccroché je tombe à genoux. Je demandais un signe à mon Baba, et le voici.

Le lendemain et le surlendemain, je rappelle.

– C'est insensé, me dit-elle, Ticky ne veut plus manger que des babas au rhum. Toutes les cinq minutes, il me dit : « Il est où mon baba ? Il est où mon baba ? »

Jean-Claude Darmon, qui est également auprès de lui, me le confirme. Pour l'un de ses derniers repas, avant de tomber dans le coma, Ticky réclame un baba.

Je raconte toute l'histoire à Claudia.

– C'est le signe que tu dois lui parler, Jean-Marie, me dit-elle. Tu dois lui annoncer qu'il faut qu'il se prépare à mourir. Ne renouvelle pas ce qui s'est passé avec ta mère.

Claudia me convainc de lui parler.

– Ticky, lui dis-je, je vais te raconter un truc bizarre. J'ai fait une prière pour toi, j'ai demandé à mon Baba de prendre ma vie s'il le voulait, contre la tienne.

– Hein ?

– Écoute-moi. J'ai fait cette prière, et aussitôt tu t'es mis à manger des babas. Maintenant, tu ne manges plus que ça. Alors je veux te dire une chose : je ne sais pas lequel de nous deux va mourir le premier, mais si c'est toi, ne te demande plus où il est ton Baba, tu l'as mangé, sache qu'il est à l'intérieur de toi, qu'il ne t'abandonnera pas, et qu'il t'attend.

Ticky n'a presque plus de voix. Il ne me répond plus que par des petits « hein ? hein ? » à peine audibles. A-t-il compris ce que je lui ai dit ? Quand je raccroche, j'ai la certitude qu'il ne partira pas seul, comme si Baba m'avait dit : ne meurs pas, mais sache que quand ton ami va s'en aller, quand son cœur s'arrêtera de battre, je serai là, c'est moi qui le prendrai par la main.

Ticky s'en va le 22 janvier 2004.

C'est cette année-là, l'année de mes 50 ans, que je veux me lancer le plus gros défi de ma vie d'artiste.

Près de un million de personnes ont déjà applaudi *Des animaux et des hommes* à travers toute la France, je voudrais terminer par un feu d'artifice : le donner devant des dizaines de milliers de spectateurs.

Un matin, j'arrive au bureau :

– Dov, après Bercy j'ai envie de faire un stade. J'ai pensé au Parc des Princes.

– Attends, le Parc des Princes, tant qu'à faire un stade autant faire le Stade de France.

– Dov, je t'adore, tu me comprends au quart de tour.

Avant, si j'avais fait une telle proposition à Jean-Pierre, il m'aurait répondu du tac au tac « c'est beaucoup trop risqué ». S'il apparaît très vite que nous n'aurons aucun mal à vendre autant de places, nous nous heurtons en revanche à un défi technique qui laisse les ingénieurs sans voix, dans un premier temps : comment tenir une conversation avec cinquante-deux mille personnes ? Parce qu'un spectacle comique, ce n'est ni un concert de rock ni un meeting. Tu peux parler devant cinquante mille personnes à la fête de l'Humanité, à condition de bien détacher les mots, et peu importe que le son et l'image ne soient pas synchronisés puisqu'on ne voit pas l'image, ou si mal. Un spectacle comique est comme une conversation, il n'est plus rien si on ne voit pas les expressions du visage. Comme une conversation, il fonctionne sur la réactivité du public. C'est parce que le rire jaillit immédiatement que le clown peut enchaîner. Si le rire n'est pas au rendez-vous, ou s'il prend une ou deux secondes de retard sur l'effet escompté, le sketch s'effrite, et c'est tout le spectacle qui se détricote.

Or, comment résoudre cette quadrature du cercle : l'image file à 300 000 kilomètres/seconde, tandis que le son se traîne à 340 mètres/seconde ? On peut envisager des écrans monumentaux qui permettront à tous les spectateurs de compter mes poils de nez, y compris à ceux du dernier rang situé à 198 mètres du bord de scène, mais comment faire pour que ceux-là aient un son qui corresponde à ce qu'ils liront sur mes lèvres ?

Après des semaines de recherche, il apparaît que personne ne devra se trouver à plus de 20 mètres d'une enceinte acoustique. Sur le papier, cela donnerait deux écrans géants de 340 m^2 chacun, visibles de toutes les places, pour quatre-vingt-dix-sept sources de son savamment disposées sur la pelouse et les gradins.

Je dis savamment, mais nos ingénieurs eux-mêmes ne savent pas trop si ça fonctionnera. Ça n'a jamais été tenté nulle part, et il faudrait, pour mettre toutes les chances de notre côté, tester différents systèmes...

– En grandeur nature, me dit un jour Didier Dalfito, mon ingénieur en chef.

– Ça veut dire quoi, ça, en grandeur nature ?

– Ça veut dire remplir le stade comme si tu allais vraiment jouer.

– Remplir le stade ! Tu veux que je te trouve cinquante mille personnes en claquant des doigts ?

– Vingt mille, ça serait déjà pas mal.

C'est comme cela que germe petit à petit l'idée d'organiser une répétition générale. On décide de proposer aux dix mille personnes qui ont déjà acheté leur billet de se pointer au stade le 20 avril, accompagnées d'une personne de leur choix, pour un spectacle insolite et gratuit. Pas gratuit pour tout le monde, hein, le truc va tout de même me coûter... un million d'euros !

Mais ça marche, plus de vingt mille personnes se présentent ce soir-là. L'ambiance est électrique, euphorique, en dépit du froid. J'ai deux envoyés spéciaux dans le public, Laurent Baffie au milieu de la pelouse, et François Rollin dans les tribunes, tout au fond, ce qui nous permet d'improviser des conneries tout en testant le son.

– J'aimerais savoir, Laurent, quelle est l'ambiance au milieu ?

– J'ai l'impression que la mayonnaise ne prend pas.

– T'es sûr, Laurent ?

– Je sais pas, je vais interroger des gens... Quel est ton prénom ?

– Colette.

– Colette, tu viens de...

– De Boulogne-Billancourt.

– Non, tu viens de péter, Colette, dis la vérité. Y' a des gens, tu n'es pas seule ici.

Alors François Rollin :

– Y'a un truc qui ne passe pas, ici, au fond, c'est l'humour de Baffie. Colette a pété, Colette vient de péter, on s'en fout ici qu'elle ait pété, Colette.

Outre l'humour inépuisable de mon Lolo, plusieurs chanteurs se succèdent sur scène : Maxime Le Forestier, Lara Fabian en duo avec Claudia Meyer, Nathalie Cardonne, Renaud Hantson, Lââm et Fred Blondin, et, pour finir, Roberto d'Olbia à qui le public fait une ovation, le tout orchestré par deux des plus belles guitares françaises, Jean-Félix Lalanne et Michel Haumont, merci à eux.

Didier Gustin et Pierre Palmade viennent également nous soutenir.

Pierre : « Bonsoir, bande de veinards, vous vous rendez compte que le même soir vous avez le comique le plus grossier de France avec le plus raffiné de France ? Bon, mais je l'aime, c'est comme mon frère, et je ne pourrais pas concevoir la vie sans lui. »

Pour moi, c'est aussi l'occasion d'embrasser Ticky : « Il est au ciel, et comme le toit est grand ouvert, dis-je, je suis sûr qu'il nous voit tous ce soir. Ça lui aurait cassé les couilles à mon Ticky Holgado une minute de silence. Il aurait préféré une minute de... Ticky ! » Et je fais envoyer sur les écrans mon vieux pote en concert, avec son chapeau, ses lunettes noires de crooner et sa guitare.

Le grand soir est fixé au 18 juin 2004. Dans les jours qui précèdent, trois cent cinquante personnes travaillent sur le stade à la préparation du spectacle. Trois cent cinquante personnes ! Il a fallu huit semi-remorques pour déposer sur place les écrans géants en pièces détachées qui, une fois montés, pèseront chacun trente tonnes. Sept semi-remorques pour amener les huit cents projecteurs qui vont illuminer le stade. Deux semi-remorques pour les enceintes acoustiques. Six semi-remorques pour les éléments de la scène qui fera 70 mètres d'ouverture, 20 mètres de haut et 15 de profondeur...

Maintenant, il faut monter tout ça, ce Meccano géant, y compris les douze mille chaises à installer sur la pelouse, et, vu du ciel, le Stade de France doit ressembler à une ruche prise de folie.

En plus des huit cents projecteurs automatiques, quarante-quatre projecteurs d'une puissance égale au phare de la tour Eiffel doivent être installés sur le toit du stade pour illuminer le ciel. Il nous a fallu l'autorisation de la préfecture. Du coup, l'aviation civile s'en est mêlée et nous a demandé de ne pas monter à plus de 30o pour ne pas foutre le bordel dans le ciel de Paris, et surtout du côté de Roissy et d'Orly. J'avais rêvé d'une image satellite montrant le gâteau de lumière que serait le stade vu de tout là-haut, une image que j'aurais diffusée simultanément pendant le spectacle, mais le ministère de la Défense s'y oppose catégoriquement. Tant pis, on se contentera d'images retransmises depuis un hélicoptère. Seulement faire venir un hélicoptère de nuit, au-dessus d'un stade bourré, par les temps qui courent, c'est pas ce qu'il y a de plus facile. Le préfet nous autorise finalement cinq minutes de survol, dans un créneau horaire défini à la seconde près, ce qui me contraindra, moi, sur scène, à surveiller sans arrêt ma montre et à galoper quand j'entendrai le bourdonnement. Car c'est un moment précis qu'on choisit d'immortaliser, celui du feu d'artifice final où tout le stade clignote en rose et bleu. Le préfet lui-même, présent dans la tribune d'honneur, veillera au bon déroulement des opérations.

Le 18 juin, par bonheur, la météo est avec nous. À tout hasard, j'ai fait acheter douze mille capes en plastique pour les spectateurs de la pelouse, six mille roses pour les femmes, six mille bleues pour les garçons. Chacun en trouvera une soigneusement pliée sur sa chaise.

Je suis d'une étonnante sérénité en me réveillant ce matin-là. Comme si toute l'angoisse accumulée depuis des mois m'avait miraculeusement quitté. Les gars s'affairent encore à serrer les derniers boulons quand je me pointe sur le stade, en milieu d'après-midi, après mon footing, ma prière et ma sieste. Je me rappelle l'étonnement de mes p'tits Gremlins en constatant mon calme.

– Voilà le patron, les mecs ! Ça va Jean-Marie ?

– Ben ouais, ça va.

– T'es sûr que t'es pas malade ? Parce que ça devrait pas aller, normalement...

– Ben si, si, j't'assure, ça m'étonne aussi, mais j'me sens vraiment bien.

Au fil des heures, tout de même, ça se dégrade un peu. Cette cathédrale rien que pour moi, tu imagines un peu... J'ai des bouffées d'angoisse que je contrôle plus ou moins bien. C'est dans ces moments-là que je suis heureux de les avoir, mes Gremlins. De savoir que je peux compter sur eux, à la vie à la mort. Je ne monte pas au front tout seul, j'ai la certitude que chacun sera avec moi, avec tout son savoir, toute sa technique, avec tout son amour également, parce que, entre nous, c'est aussi de l'amour qui circule. Bruno, David, Cédric, Yannick, Loïc, Frenchie, Diablo, Daz, Marco, Pierre... et, bien sûr, Titi et Tatane ! Ces deux-là, sans jeu de mots, c'est du titane.

Je crois que tout se joue à l'instant où les cinquante-deux mille spectateurs démarrent une *ola* qui va durer... treize minutes ! Tiens-toi bien, treize minutes de *ola* ! Ça, c'est un truc que je ne pourrai jamais oublier, parce que jamais de ma vie je n'avais reçu un tel hurlement d'amour. Ils ne m'ont pas vu, je suis encore en coulisses, ça fait une heure que j'entends le grondement de leurs voix, et soudain cette *ola*, comme s'ils s'étaient donné le mot. Au début, je n'arrive pas à y croire : cinquante-deux mille personnes qui font une *ola* rien que pour toi, c'est comme si une tempête ne se levait que pour toi, ça te frappe à l'estomac, au cœur, tu te prends ça en pleine figure, tu as les larmes qui te jaillissent des yeux, les cheveux qui se dressent sur la tête, oui, même moi, même moi qui les porte courts, je les sens se dresser sur ma tête. Je n'arrive pas à y croire, et quand je pense que ça va s'arrêter parce que le cercle est rompu, qu'il n'y a pas de public derrière la scène, eh bien, je me trompe. Quand ça s'éteint d'un côté, ça reprend aussitôt de l'autre. C'est incroyable, je suis tellement ému que je dois prendre sur moi pour ne pas fondre en larmes.

Le lendemain, Jean-Christophe Giletta, le directeur adjoint du Stade de France, confiera qu'il n'avait jamais assisté à une telle *ola*. « C'est un record du monde », dira-t-il. Et il ajoutera, évoquant l'ambiance et la joie du public ce soir-là : « Je crois qu'il n'y a que le pape qui puisse se permettre de faire un tel one-man show. »

Pour moi, à cet instant, c'est gagné. Cette *ola* suffit largement à me récompenser, à *nous* récompenser des efforts accumulés depuis des mois. Quand avant même de démarrer un spectacle on te dit avec cette force combien on t'aime, comment pourrais-tu échouer ensuite ? C'est impossible, tu ne t'appartiens plus, tu te sens porté par la foule, c'est elle qui va faire le spectacle.

« Je vous remercie d'être venus si nombreux, dis-je, parce que c'est grâce à vous que j'existe, tout simplement. » Et au centième de seconde les applaudissements fusent. La technique aussi est avec nous. Alors oui, je sais que je vais pouvoir jouer au Stade de France comme je joue devant une salle de mille places, au même rythme, c'est-à-dire comme si on se tenait tous par la main.

« Ce qui m'a le plus surpris, dira encore Jean-Christophe Giletta, c'est sa capacité à aller chercher les spectateurs dès le début du spectacle. Et, au bout d'une heure, à vraiment maîtriser l'ensemble des cinquante-deux mille, à les faire réagir exactement comme il le voulait, au moment où il le voulait. Ça, c'est une performance d'acteur qui pour moi reste une des plus impressionnantes qu'il m'ait été donné de voir au Stade de France, avec Bruce Springsteen. »

Je me rappelle l'arrivée de la nuit, au beau milieu du spectacle, comme un cadeau du ciel. Ce sentiment d'intimité qui nous a étreint le cœur, soudain. Je dis *nous*, parce que je suis sûr que chacun l'a ressenti. Ça faisait une heure qu'on était ensemble, et il nous restait encore une heure à partager. On était en pleine croisière, on avait appris à se connaître, à s'aimer, et la nuit nous enveloppait de son cocon d'intimité, de complicité, de tendresse.

D'ailleurs, s'il n'y avait pas eu cette complicité, comment aurais-je pu, pour le feu d'artifice final, demander aux vingt-six mille femmes de faire « pouet pouet », et aux vingt-six mille hommes de faire « coin coin », en alternance, sur l'air de la fameuse banda de Carcassonne, pendant que le stade s'illuminait alternativement en rose et en bleu et que l'hélicoptère nous survolait ? Comment aurais-je pu ? Et pas une femme, pas un homme ne m'a fait défection. « Je vais vous avouer un truc, ai-je dit à la fin, je suis ému. Je vous rappelle qu'on est en train de faire " coin coin pouet pouet "... On est tout de même des adultes, hein ! Faut-il que vous m'aimiez ! Faut-il que vous m'aimiez beaucoup ! Eh bien ça, je le prends là, en plein cœur ! » Alors les cinquante-deux mille se sont levés, et cet applaudissement final a été comme un ouragan. Je me suis mis à danser, jamais je n'avais été aussi heureux, je me suis mis à hurler « merci ! merci ! » en envoyant des baisers vers tous ces visages, tous ces sourires, mais on ne m'entendait plus, ma voix était couverte par la musique qui se mêlait aux applaudissements.

Oh, comme j'aurais aimé que mon père et ma mère soient présents, ce soir-là, témoins de mon succès, témoins de tout l'amour de cette foule pour leur petit dernier ! Quand on m'a dit qu'avec le Stade de France je venais de franchir la ligne d'arrivée, que jamais je ne ferais plus fort, plus beau, tu ne peux pas savoir combien je me suis senti triste brusquement. Et perdu. Ça y était, la course était donc finie, j'avais gagné, j'étais le premier, mais pour qui, pour quoi ? Les seuls dont j'aurais voulu sécher les larmes de joie cette nuit-là, les seuls qui avaient vraiment mérité cette victoire, c'étaient eux.

Si je devais résumer mon chagrin en quelques mots, le chagrin de toute ma vie, de tout ce livre, je crois que je le dirais comme ça, écoute bien : ils ont planté quatre jeunes arbres durant leur vie. Le dernier, ils n'avaient pas trop envie de le planter, ils en avaient déjà trois, tu comprends, et ils se sentaient usés, fatigués. Pourtant, ils ont fait cet effort, ils ont planté le quatrième, et c'est lui, le moins attendu, le moins désiré, c'est lui qui a donné les plus beaux fruits. Seulement eux n'étaient plus là pour en profiter...

C'est cette dernière image qui me précipite chaque fois dans une colère d'enfant. Cette injustice. Cette iniquité. Qu'ils ne soient plus là pour profiter de mon argent, de mon succès. Surtout maman. Maman qui achetait ses robes cinq francs. Maman qui n'entrait jamais dans un magasin. « C'est bien joli tout ce qu'on voit dans les devantures, disait-elle, mais c'est tellement cher ! Je ne sais vraiment pas comment ils font, les gens... » Quand je pense que maman s'achetait ses robes à La Redoute, qu'elle n'est jamais entrée dans un magasin pour se faire plaisir, et qu'aujourd'hui, si le bon Dieu ne me l'avait pas enlevée, je pourrais la combler de cadeaux... Eh bien quand je pense à cela, brusquement, je n'ai plus envie de faire le guignol, je n'ai plus envie de rien, elle me tombe des mains, la vie.

Alors il faut que je me pince pour m'entendre dire tout bas : Arrête tes conneries ! Tu sais bien que s'ils étaient encore là tu ne serais pas devenu ce que tu es devenu. Rappelle-toi, c'est la vieille histoire du chemin. D'épreuve en épreuve, le bon Dieu t'a conduit jusqu'ici. Il ne faut jamais renier le chemin.

J'ai triomphé au Stade de France, mais aujourd'hui encore je ne m'explique pas pourquoi mon partenaire TF1 n'en a parlé ni le jour du spectacle, ni le lendemain, dans ses journaux télévisés. J'en garde encore la blessure.

On avait calculé que le stade plein, on terminerait malgré tout avec deux millions trois cent mille euros de déficit. Et c'est exactement ce qui est arrivé.

« Jean-Marie est un homme généreux, doublé d'un artiste généreux, dira plus tard Thalie Frugès, la directrice artistique du Stade de France. Quelqu'un qui se donne autant à son public, qui investit financièrement autant d'argent pour le confort de son public, ça, je n'avais jamais vu encore. J'étais bluffée, j'étais même touchée. »

Thalie Frugès ne sait pas combien le public a toujours été généreux avec moi, en retour. Nous savions que pour nous remettre à flot, nous devions vendre au moins trois cent mille DVD du Stade de France, de ce spectacle *Des animaux et des hommes*.

Aujourd'hui, nous en sommes à près de un million et demi !

Chapitre 12

Et soudain, au lendemain du Stade de France, la mort se rappelle à mon souvenir, comme s'il fallait cela, cette nouvelle épreuve, pour me montrer le chemin.

Un vendredi de la fin juillet, Claudia entre en clinique pour une opération bénigne. Je suis en tournée, loin de Paris. Elle est opérée le jour même et rentre chez elle pour le week-end. Le samedi, elle souffre beaucoup, et constate qu'elle a un gros hématome. Le dimanche, l'hématome a doublé de volume et elle se sent épuisée. Enfin, le lundi matin, elle retourne à la clinique.

Rentré entre-temps, je découvre Claudia inconsciente. Elle est transparente, comme si elle n'avait plus une goutte de sang dans les veines. SAMU, transfusion, on la conduit de toute urgence de la clinique à la Salpêtrière où elle est admise en réanimation.

Une nouvelle fois, je me retrouve à la veiller, suppliant le bon Dieu de me la laisser, et ces jours terribles me replongent dans cette gravité qui semble accompagner chaque étape de ma vie.

J'ai eu beau donner mon blouson de plomb, on dirait que du plomb continue à me couler dans les veines. Quel est donc cet étrange chemin, en forme de grand écart, que le destin me pousse à accomplir avec un si remarquable entêtement : monter toujours plus haut sur des scènes de plus en plus vastes mais, aussitôt éteints les feux de la rampe, me retrouver invariablement au bord du gouffre, en tête à tête avec l'éternité. Faire chanter un soir « pouet pouet coin coin » à cinquante-deux mille personnes, et constater le lendemain que la mort m'attendait au tournant.

« On a un problème avec ma femme, ai-je dit un jour à David Khayat, c'est qu'elle n'arrête pas de mourir, et que je ne veux pas qu'elle meure. »

Mais ça n'est pas un problème, non, c'est sans doute le ressort secret de ma vie. Comme si le bon Dieu, de crainte peut-être que je ne m'installe au firmament des clowns et n'en redescende plus, avait trouvé ce moyen pour me ramener sur terre, parmi la tragédie des hommes. Claudia, que je sens si fragile, et en même temps si solide, si lumineuse, est mon seul lien à la vraie vie. Celle qui donne du prix à l'instant, au bonheur, parce qu'elle me rappelle sans cesse que nous sommes éphémères. Quelque chose me dit que je ne survivrais pas à sa disparition, comme si elle portait en elle la moitié de mon âme.

C'est à ce moment-là de ma vie, alors que Claudia se remet lentement, que le metteur en scène Alain Sachs vient me proposer d'incarner... *Le Bourgeois gentilhomme* !

Sensible et intuitif, Alain Sachs n'a pas pensé à moi par hasard. Nous ne nous sommes jamais vus, il ne connaît de moi que mon personnage public, mais il a deviné que j'étais à ma façon une sorte de nouveau riche de la comédie, de *parvenu*, comme disent les grands bourgeois d'Auteuil. Après le Stade de France, que puis-je espérer d'autre qu'entrer au Panthéon du spectacle vivant, c'est-à-dire accéder enfin au théâtre ? Et c'est ce que j'espère, en effet.

Je l'espère tellement que je n'entends pas ce que me dit Alain Sachs dans les premières minutes de notre rencontre. Ou plutôt, je l'entends, mais je ne le crois pas, comme si c'était bien trop beau pour être vrai. Il me dit qu'il a l'intention de créer *Le Bourgeois gentilhomme* au Théâtre de Paris, et qu'il a pensé à moi pour le premier rôle. Et tu ne sais pas ce que je lui réponds ?

– Ah ouais, ouais... Mais pourquoi tu viens me voir en réalité ? T'as besoin d'argent pour monter ta pièce, c'est ça ?

Vraiment le *parvenu*.

Alors lui, sidéré :

– Attends, Jean-Marie, tu n'as pas compris, je n'ai pas besoin d'argent, je ne te demande rien du tout. Je suis juste en train de te proposer d'interpréter Monsieur Jourdain dans la pièce de Molière.

– T'es sérieux, ou tu te fous de ma gueule ?

– Jean-Marie, est-ce que tu crois vraiment que je serais venu jusque chez toi pour me foutre de ta gueule ?

– Non, c'est vrai. Alors t'es sérieux.

Et là, j'ai éclaté de rire.

– Enfin, comment as-tu pu croire que je pourrais jouer dans une pièce de Molière ? Mais non ! Bien sûr que non, je ne vais pas jouer Monsieur Jourdain.

– Pourtant, je pense que tu as toutes les qualités pour comprendre le personnage, pour lui donner son épaisseur.

– Ah oui ? Tu crois vraiment ? Je t'avoue que je ne m'en souviens plus très bien.

– Ecoute, réfléchis quand même et, si tu reviens sur ton refus, rappelle-moi.

Alors j'ai relu *Le Bourgeois gentilhomme*, et je me suis dit : Mais c'est moi, ce mec ! Je *suis* ce bourgeois ! Je suis un bourgeois gentilhomme moderne. Qui veut quoi ? Qui veut qu'on lui donne sa carte de comédien. Qui voudrait qu'on dise de lui : C'est un grand comédien ! C'est un grand artiste ! Et qu'est-ce qu'Alain Sachs me propose pour décrocher cette carte ? D'interpréter précisément l'histoire d'un bonhomme qui voudrait qu'on lui donne sa carte de bourgeois.

J'ai réfléchi quelque temps. Puis Alain m'a rappelé.

– Maintenant, il faut que tu me dises oui ou non, Jean-Marie.

– Laisse-moi encore réfléchir.

Je me suis accordé une petite semaine, et j'ai rappelé Alain.

– J'ai vraiment bien réfléchi, Alain, ai-je commencé, et je ne peux pas te dire autre chose que... je suis désolé, hein, je ne peux pas te dire autre chose que... OUI !

Voilà, je l'ai fait flipper toute la phrase, et j'ai deviné à son soupir combien il était content.

« Je n'ai pas choisi Jean-Marie pour qu'il fasse autre chose que ce qu'il est profondément, dira-t-il plus tard. Je savais qu'il avait en lui tout le vécu, toute la sensibilité pour entrer dans la peau du bourgeois de Molière. »

Les répétitions démarrent. Et je suis immédiatement dans le plaisir d'être ce Jourdain d'aujourd'hui, qu'Alain Sachs a voulu patron richissime d'un grand magasin d'articles de sport.

Le décor de Guy-Claude François n'est pas encore là, mais nous savons qu'il s'agira d'un genre d'entrepôt clinquant, verre et aluminium, destiné aux marathoniens du dimanche.

« Dès que j'ai vu Jean-Marie répéter, dira Agnès Boury, la directrice artistique, je ne me suis plus posé de questions. C'était tellement évident, il n'y avait plus qu'à développer ce qu'il proposait spontanément. Et ce qu'il proposait spontanément, c'était une vraie intelligence du texte. »

« Tout à coup, dira Catherine Arditi (Madame Jourdain), il rendait ce texte complètement moderne, et, par conséquent, on avait la sensation qu'il venait d'être écrit pour lui. »

Pourtant, la règle a été sévèrement édictée au départ : on ne change pas un mot à Molière, pas une virgule.

Et Molière, c'est ça :

MADAME JOURDAIN

Il faut à votre fille un mari qui lui soit propre, et il vaut mieux pour elle un honnête homme riche et bien fait, qu'un gentilhomme gueux et mal bâti.

NICOLE (LA SERVANTE)

Cela est vrai. Nous avons le fils du gentilhomme de notre village, qui est le plus grand malitorne et le plus sot dadais que j'aie jamais vu.

MONSIEUR JOURDAIN

Taisez-vous, impertinente. Vous vous fourrez toujours dans la conversation. J'ai du bien assez pour ma fille, je n'ai besoin que d'honneur, et je la veux faire marquise.

MADAME JOURDAIN

Marquise ?

MONSIEUR JOURDAIN

Oui, marquise.

MADAME JOURDAIN

Hélas! Dieu m'en garde!

MONSIEUR JOURDAIN

C'est une chose que j'ai résolue.

MADAME JOURDAIN

C'est une chose, moi, où je ne consentirai point. Les alliances avec plus grand que soi sont sujettes toujours à de fâcheux inconvénients. Je ne veux point qu'un gendre puisse à ma fille reprocher ses parents, et qu'elle ait des enfants qui aient honte de m'appeler leur grand'maman. S'il fallait qu'elle me vînt visiter en équipage de grand-dame, et qu'elle manquât par mégarde à saluer quelqu'un du quartier, on ne manquerait pas aussitôt de dire cent sottises : « Voyez-vous, dirait-on, cette Madame la marquise qui fait tant la glorieuse? C'est la fille de M. Jourdain, qui était trop heureuse, étant petite, de jouer à la madame avec nous. Elle n'a pas toujours été si relevée que la voilà, et ses deux grands-pères vendaient du drap auprès de la porte Saint-Innocent. Ils ont amassé du bien à leurs enfants, qu'ils payent maintenant peut-être bien cher en l'autre monde, et l'on ne devient guère si riche à être honnêtes gens. » Je ne veux point tous ces casquets, et je veux un homme, en un mot, qui m'ait obligation de ma fille, et à qui je puisse dire : « Mettez-vous là, mon gendre, et dînez avec moi. »

MONSIEUR JOURDAIN

Voilà bien les sentiments d'un petit esprit, de vouloir demeurer toujours dans la bassesse. Ne me répliquez pas davantage : ma fille sera marquise en dépit de tout le monde; et si vous me mettez en colère, je la ferai duchesse [1].

Non, on ne change pas un mot à Molière, pas une virgule, et je mesure rapidement combien j'ai sous-estimé l'effort qu'exige la mémorisation de ce texte. Entrer dans le personnage de Monsieur Jourdain m'excite, me provoque des moments d'intense jubilation, mais lui emprunter sa langue, cette prose riche et alambiquée du siècle de Louis XIV, m'apparaît rapidement tout simplement impossible.

« À ce moment-là seulement, dira plus tard Alain Sachs, j'ai réalisé que Jean-Marie n'avait jamais appris un texte de sa vie. Ses sketches, il les mémorise en les créant, de sorte qu'ils lui reviennent naturellement. »

Moi aussi, je réalise que ma mémoire n'a jamais été entraînée, et, plus nous avançons, plus le découragement me plombe. Surtout en voyant avec quelle aisance Catherine Arditi, qui semble être née pour jouer, se promène dans son texte. Cependant, elle et Alain me témoignent une confiance quasi aveugle.

« Ça ne m'a pas inquiétée, dira Catherine. Il n'avait jamais fait de théâtre, mais je voyais qu'il en était capable. »

Quant à Alain, que je harcèle, il joue à merveille le type qui ne se fait aucun souci.

– Alain, je le saurai quand mon texte ?

– Tu le sauras en temps voulu, ne te fais pas de bile.

– Mais je n'avance pas, tu vois bien, c'est chaque jour pire que la veille...

1. *Le Bourgeois gentilhomme*, acte III, scène 12.

– Tous les comédiens connaissent des moments difficiles, tu n'es pas différent des autres.

– Arrête, tu dis ça pour me rassurer. Je n'y arriverai jamais ! Jamais, bordel de merde !

– Jean-Marie, tu n'es pas différent des autres, d'accord ? C'est normal que ça soit dur, tu as le rôle principal, tu es présent dans les cinq actes. Je te garantis que tu n'as pas une once de retard par rapport à mon agenda. Si j'ai un problème avec toi, je te le dirai, je te le jure. Mais là, je peux te garantir que je n'ai aucun problème. Ni moi ni personne ici. On est tous sincèrement heureux que tu sois là, tous avec toi. Crois-moi, personne ne se plaint. D'ailleurs, pour tout te dire, je n'entends que des éloges à ton propos.

Et c'est vrai que, très vite, toute la troupe m'a adopté. J'ai même le sentiment, pour la première fois, de faire partie d'une grande et belle famille. Jusqu'ici, j'étais seul en scène, je découvre à présent le plaisir de créer collectivement un spectacle. Sortant du Stade de France, précédé de ma réputation, j'avais craint de faire un peu le vide autour de moi. Mais c'est le contraire qui se passe. Après quelques semaines de travail en commun, je transforme ma loge en café du coin, et elle devient le lieu de réunion préféré des comédiens. Ils entrent, ils s'assoient, ils se servent à boire, ils commencent à bavarder comme s'ils étaient chez eux, et pour moi il n'y a pas de plus beaux témoignages de reconnaissance. Ça veut dire qu'ils m'accueillent comme l'un des leurs, qu'ils acceptent mon affection et qu'ils me donnent la leur.

Pourquoi est-ce que j'en suis tellement touché ? Eh bien, sans doute parce que j'ai véritablement l'âme d'un Monsieur Jourdain, je veux dire cette peur des gens qui ont réussi qu'on ne les aime plus que pour leur argent. C'est ce qui m'avait fait lancer à Alain Sachs, lors de notre première rencontre : « Pourquoi tu viens me voir ? T'as besoin d'argent ? » Parce que je ne voulais pas croire trop vite qu'il pouvait éventuellement venir *seulement* pour mes talents de comédien.

Eux ne m'aiment ni pour mes talents de comédien ni pour mon fric, mais pour ce que je suis, ce qu'ils devinent de moi. Du coup, je veux leur manifester en retour combien leur amitié m'émeut, et je prends cette habitude insolite d'inviter toute la troupe à dîner quand on en arrive aux répétitions générales. On dresse la table dans le hall du théâtre et Fish, le cuisinier qui me suit habituellement en tournée, remplit les assiettes et sert à boire. Quand les représentations commenceront et que certains critiques nous découvriront en train de festoyer joyeusement dans le hall, une fois le dernier spectateur parti, j'aurai droit à quelques commentaires bien sentis : « Après le spectacle, écrira en particulier *France-Soir*, Monsieur Jourdain convie toute la troupe à dîner dans le hall du théâtre, sur ses propres deniers. Jean-Marie Bigard est ainsi : il aime les autres, et crève d'envie d'en être aimé [1]. »

c'est vrai, avouerai-je aux journalistes, je suis comme Monsieur Jourdain, je ne regarde pas à la dépense.

Je passe avec succès l'épreuve du costume, des essayages. Pourtant, s'il y a un truc dont j'ai horreur, c'est d'essayer des vêtements. « J'ai bien aimé sa patience et son endurance pendant les

1. – Oui, *France-Soir*, 24 février 2006.

essayages, qui sont des heures debout, et des heures de réflexion, de concentration, dira Pascale Bordet, la costumière. Il a accepté des contraintes de talons hauts, de tailles hautes, de cols, de matériaux, de lourdeur. Vraiment, le costume est très contraignant dans le jeu. Mais il a tout accepté. Je lui ai tout donné, et il a tout pris. »

Je passe avec plus de difficultés l'épreuve de la danse, mais malgré tout je m'en sors. Patricia Delon, la chorégraphe, me montre ce que je dois faire.

– C'est très simple, regarde bien, ça dure vingt-cinq secondes. Tu fais juste ça avec les bras, et en même temps tu fais ça et tu te repositionnes comme ça...

– Ça dure vingt-cinq secondes, mais c'est vingt-cinq ans de métier.

– Tu ne veux pas essayer ?

– Non, je ne sais pas faire ça. Je vois tout de suite que je n'y arriverai pas.

– Attends, je te le refais.

– C'est non. J'ai une autre idée : je vais te montrer ce que je suis capable de faire, et tu te démerderas pour écrire ta chorégraphie avec ça.

– Bon, d'accord, montre-moi.

« À la première répétition, racontera Patricia, il est arrivé complètement bloqué. Je crois qu'il ne voulait pas danser. Je me suis dit : comment on va faire pour la deuxième ? Et, finalement, c'est lui qui a fait les propositions. »

Bref, je passe les éliminatoires mais, le 19 décembre 2005, un mois jour pour jour avant la première, je ne sais toujours pas mon texte !

– Si on démarre le 19 mars, je pense pouvoir être prêt, dis-je à Stéphane Hillel, le directeur du théâtre, mais le 19 janvier prochain je ne le sens pas trop...

« Quand il me faisait ce genre de réflexion, dira plus tard Stéphane, je répondais invariablement : “ Écoute, si c'est nécessaire, on repoussera de quinze jours, pas de problèmes. De toute façon, on fera tout ce qu'il faut pour que tu te sentes en confiance. ” Et puis, ensuite, je ne dormais pas de la nuit. Repousser de quinze jours, ç'aurait été une catastrophe, mais je n'allais pas le lui dire. Je ne voulais surtout pas ajouter ma propre inquiétude à son angoisse. »

Trois ou quatre jours avant la première, je ne suis pas loin de péter les plombs. Ce que racontera d'ailleurs très bien Grégori Baquet, qui interprète Covielle, le valet de Cléonte : « On ne savait pas trop comment gérer son diabète, le stress qu'il avait par rapport à la première, son texte qu'il avait du mal à ingurgiter... Il nous a piqué deux, trois gueulantes, fallait pas se trouver sur son passage, à mon avis on aurait pu se prendre une beigne... J'ai eu peur, je me suis demandé s'il n'allait pas carrément se barrer, s'il n'allait pas nous dire : “ Vous me faites tous chier ! Je vais faire mon one man show l'année prochaine, et ça ira très bien comme ça. ” »

Je ne me barre pas, non. Si l'idée me traverse de le faire, c'est le jour de la première, le 19 janvier 2006, une petite heure avant d'entrer en scène. Je vois Alain Sachs qui a l'air un peu tendu, pour une fois, alors je joue le mec décontracté qui ne veut pas déranger dans un moment pareil :

– Dis-moi, Alain, faut que j'y aille, là, ça t'emmerde pas trop ? J'avais complètement oublié un dîner que je ne peux pas remettre...

La tête d'Alain ! Comme quoi il y a des moments, dans la vie, où mes conneries ne font plus rire personne.

Comment est-ce possible, une première ? Un quart d'heure avant on a le sentiment de ne plus rien savoir. L'angoisse à hurler que cette chorégraphie réglée au millimètre, où se croisent et s'interpellent une vingtaine de comédiens, ne tourne à la cacophonie, ou à la foire d'empoigne. Peur de bégayer, de rester sec, de se prendre les pieds dans le tapis...

J'ai conscience que le succès de la pièce dépend en grande partie de moi, qui suis de toute la troupe le seul à débuter au théâtre. J'ai conscience que si j'échoue, je les entraînerai tous dans mon propre naufrage.

C'est dire à quelle allure cogne mon cœur à l'instant où j'apparais sur scène, chaussé de mes baskets rouges et revêtu d'une robe d'intérieur passablement grotesque, pour lancer la fameuse adresse :

« Eh bien, messieurs, qu'est-ce ? Me ferez-vous voir votre petite drôlerie ? »

Mais aussitôt dits les premiers mots, j'oublie mon cœur, mon trac, comme rejoint par ce bourgeois suffisant et crédule qui me résistait depuis des mois, et qui subitement me cède. Il y a quelque chose de miraculeux dans la façon dont une pièce se met soudain à vivre, à émerger du chaos, parce que le public est là, parce que les comédiens ne jouent vraiment qu'en sa présence. Ce qui la veille encore paraissait un exercice d'école un peu lourd et surfait trouve enfin sa légitimité, sa musique, comme par enchantement. Et ces liens impalpables, si difficilement tissés d'un comédien à l'autre, se mettent alors à te porter, à t'entraîner. Et tu te découvres parlant, répliquant, réprimandant, comme si toutes ces phrases apprises par cœur étaient maintenant les tiennes.

Quand le rideau tombe, ce soir-là, je crois qu'on pense tous à peu près la même chose. On se dit : « Mais comment on a fait pour réussir ce truc ? Comment on a fait ? »

Et puis on s'embrasse, on hurle, on se serre dans les bras, on passe du rire aux larmes. Ce qui vient de se passer, ce qu'on a réalisé tous ensemble, c'est un peu comme la conquête de l'Annapurna. On est devenus des compagnons de cordée, on a gagné grâce aux autres, parce que chacun a su tenir sa place, et ça, on ne pourra plus jamais l'oublier.

C'est simple, je me retrouve désormais avec deux femmes : Claudia dans la vraie vie, et Catherine Arditi, extraordinaire de justesse, d'amour vrai, de générosité, que le Monsieur Jourdain qui sommeille toujours en moi ne cessera plus d'aimer.

La presse, qui ne m'a jamais porté dans son cœur, me trouve pour la première fois formidable.

« Jean-Marie Bigard en Monsieur Jourdain, c'est presque trop beau pour être vrai, s'exclame Violaine de Montclos dans les colonnes du *Point*. Mis en scène par Alain Sachs, transformé en nouveau riche contemporain exprimant dans la langue de Molière l'éternelle frustration sociale de ceux à qui ne manque que la culture, le rôle du bourgeois gentilhomme colle à Bigard comme une seconde peau [1]. »

« Il est épatant, vraiment, renchérit Marion Thébaud, du *Figaroscope*. Drôle, touchant, un vrai

1. *Le Point*, 19 janvier 2006.

comédien qui abandonne sa panoplie de bronzé en mal de gags ! C'est un chef de troupe. Il met sa présence au service d'un tout. Jamais il ne rompt le rythme pour ajouter un gag de son cru. Catherine Arditi en Madame Jourdain lui tient tête avec esprit. Ils forment un couple du tonnerre et, au final, les bravos sont partagés à égalité. C'est que l'homme est heureux de jouer ce texte. Il donne au spectacle son allégresse. À ses côtés, la troupe vaillante, chante, danse[1]... »

« Jean-Marie Bigard est un grand Monsieur Jourdain, écrit enfin Ariane Dollfus dans les colonnes de *France-Soir*. Fat, naïf, perméable aux modes, son bourgeois est sympathique et ridicule, et Bigard est très juste. Il maîtrise fort bien les formes d'un texte ancien, met le ton, rajeunit le tout sans jamais tirer la couverture à lui[2] »

Notre *Bourgeois gentilhomme*, on le joue cent douze fois entre le 19 janvier et le 27 mai 2006, date de la dernière. Plus de cent mille personnes viennent nous applaudir, et parmi elles des ministres, des artistes, des réalisateurs... Ils viennent dans les premiers jours, et beaucoup d'entre eux passent ensuite me féliciter dans ma loge. Pourquoi est-ce que je te raconte tout ça ? Parce qu'après huit ou dix jours, je réalise qu'il n'y en a qu'un qui n'est pas venu, c'est mon frère Jean-Pierre. Jean-Pierre, devenu entre-temps directeur du Palais des Glaces.

Un mois passe, toujours pas de Jean-Pierre. Il ne viendra plus, me dis-je, et je m'aperçois à cette occasion que je suis enfin libéré de son jugement. J'aurais aimé qu'il vienne, parce qu'il est mon frère

1. *Figaroscope*, 8 février 2006.
2. *France-Soir*, 24 février 2006.

et que je l'aime, mais je n'attends plus sa reconnaissance.

Enfin voilà, je ne l'espère plus, je l'ai oublié, quand, à la quarantième représentation, on vient me prévenir qu'il est dans la salle. Ce soir-là, je joue un peu pour lui. Ça me fait tout de même un sacré plaisir qu'il se soit bougé pour moi. Et puis je grimpe dans ma loge. Il va passer me voir et je m'amuse d'avance des vannes que je vais lui balancer : « Jean-Pierre ! Ben dis donc, je suis très honoré que tu aies trouvé un moment de libre pour ton petit frère ! Ici, on a vu défiler des ministres, des producteurs, des comédiens, la moitié des directeurs de théâtre, enfin des gars qui n'ont rien à branler, mais toi, sincèrement, avec l'emploi du temps que tu as, ça me touche beaucoup. Si, si, Jean-Pierre, beaucoup ! »

On frappe. Je me fais un joli sourire, et j'ouvre grand la porte. C'est lui ! C'est Jean-Pierre ! Mais c'est un autre Jean-Pierre. Celui-ci est en larmes.

– La vache, Jean-Marie, souffle-t-il. La vache, qu'est-ce que c'est bien ! Qu'est-ce que tu joues bien !

Je le regarde. Pendant un vingtième de seconde, je n'en crois pas mes yeux, je n'en crois pas mes oreilles. C'est trop, mon Dieu, c'est bien trop, Jean-Pierre en larmes... Et pour moi ! Alors, je le prends dans mes bras et je l'étreins comme un fou.

– Putain, Jean-Pierre, tu ne peux pas savoir comme ça me touche... Tes larmes, ton compliment, tu ne peux pas savoir... Je ne t'attendais plus, tu sais. Merci ! Merci d'être venu !

Épilogue

Maintenant, je peux bien vous l'avouer : l'écriture de ce livre a été un cauchemar. J'ai su dès les premières pages qu'il en serait ainsi en constatant combien mes blessures étaient intactes. Je me doutais que refaire tout le chemin de ma vie serait douloureux, mais pas à ce point. Tant d'années s'étaient écoulées depuis Troyes ! Et cependant, à l'instant de me remémorer la mort de mes parents, j'ai cru de nouveau devenir fou de chagrin.

J'ai été tenté d'abandonner, de renoncer, pour reprendre ma course en avant, mais il était trop tard. J'avais osé soulever le voile, j'avais osé me souvenir, et maintenant le travail de mémoire se poursuivait sans moi, presque malgré moi. Il me précipitait dans des colères effrayantes, ou dans des moments d'abattement qui me coupaient du monde. Il me réveillait la nuit, il me torturait. Bientôt, il m'enlèverait la force de jouer, de rire et de faire rire, et alors il ne me resterait plus qu'à mourir.

J'ai fini par comprendre que je m'étais condamné moi-même à écrire ce livre. Et je l'ai écrit, à reculons, entre colère et larmes, insultant le sort, hurlant contre les murs, préférant fuir certains jours, mais au fond résolu à aller jusqu'au bout.

Alors il s'est passé de drôles de choses, comme si le bon Dieu, là-haut, voulait me mettre à l'épreuve, ou m'envoyer des signes. Pour me remémorer certains détails, j'ai organisé une réunion de famille, la première depuis bien des années. Mes deux sœurs et mon frère ont très gentiment répondu à mon invitation. J'ai consciencieusement enregistré notre conversation, mais en sortant de cette réunion... j'ai brisé la cassette en deux ! Sans le vouloir, par accident. De sorte que j'ai perdu tout ce qu'ils m'avaient raconté.

C'était un dimanche, en pleine tournée.

Trois jours plus tard, sept minutes exactement avant d'entrer en scène, on m'a apporté un message : « Je sais que c'est douloureux, mais j'aimerais vous parler. » Et j'ai reconnu le nom de la femme sans laquelle mon père ne serait pas mort. Cette femme qui avait introduit l'assassin dans notre maison, et dont je n'avais plus entendu parler depuis trois décennies, était donc dans la salle ce soir-là.

Je ne l'ai pas reçue, je n'ai pas cherché à la rencontrer. Cet événement, survenant après celui de la cassette détruite, m'a convaincu que je n'avais besoin de rien ni de personne pour écrire mon livre. La vérité profonde de ce livre, *ma* vérité profonde, je la portais en moi depuis toujours.

D'ailleurs, après cela, comme si le livre voulait me signifier qu'il était sur le point de naître, je me suis mis à grossir, à grossir, et j'ai deviné que je faisais... une grossesse nerveuse. Il est temps d'accoucher, me suis-je dit, d'accueillir ce torrent de mots et de larmes que je retiens depuis trop longtemps. Et le livre est enfin venu.

Aujourd'hui, il est là, il existe. Il porte entre ses pages le plomb qui me coulait dans les veines. Il m'a délesté de mon chagrin, de mon fardeau. Aujour-d'hui, si je tombe, je sais que je trouverai en lui la force de me relever. Parce qu'il saura toujours me rappeler d'où je viens, sur quoi je me suis construit, et combien le chemin a été long et douloureux.

« Ne ramasse pas les cailloux qui t'ont fait tomber, a écrit mon maître indien, car quand ton sac sera rempli, tu ne pourras plus avancer. »

Aujourd'hui, après avoir déposé tous ces cailloux dans ce livre, je peux reprendre mon chemin, marcher vers d'autres défis. J'ai appris, au fil des pages, à m'accepter tel que je suis, à m'aimer tel que je suis. Je suis en même temps plus léger et plus fort.

Après m'avoir lu, je suis sûr que vous comprendrez, en découvrant mon huitième spectacle *Mon psy va mieux* à quel point ma vie m'a inspiré.

Aujourd'hui, quand je me regarde sur scène, je sais quel homme se cache derrière le clown. C'est cet homme que j'ai voulu vous raconter, parce que j'ai besoin qu'à votre tour vous l'aimiez. Pour continuer à vivre, pour continuer à vous faire rire.

Achevé d'imprimer sur les presses de

BUSSIÈRE

GROUPE CPI

à Saint-Amand-Montrond (Cher)
en juin 2008

POCKET - 12, avenue d'Italie - 75627 Paris Cedex 13

— N° d'imp. 80922. —
Dépôt légal : juin 2008.

Imprimé en France